우 리 를 병 들 게 하 는 낙 인

반공자유주의

김동춘 지음

필요
한책

목차

■ 이 책에서 사용된 글꼴은 문체부 바탕체, 문체부 쓰기 정체, 바른바탕, 제주명조, KBIZ한마음명조체, KoPubWorld돋움체, KoPubWorld바탕체입니다.

책머리에

　'반공'은 참 낡은 용어다. '자유' 역시 오랫동안 수많은 사람들에게 다양한 방식으로 사용된 용어다. 사실 한국에서 사용된 반공과 자유는 매우 한국적 의미를 갖는 용어다. 반공은 1989년 현실 사회주의의 붕괴와 함께 '역사'가 되었다. 그러나 남북한의 군사적 적대가 유지되는 한반도에서는 여전히 현실이다. 단지 소수를 제외하면 이제 반공을 운운하지는 않지만 반북, 중국 혐오, 혹은 가끔씩 정치적 반대 세력에 '좌파' 딱지를 붙이는 일로 남아 있다. 그리고 '자유'는 곧 '해방'을 뜻하지만, 한국에서 그것은 공포, 증오, 폭력을 수반했다.

　반공은 언제나 '자유'와 함께 했지만, 자유는 신자유주의의 도래와 더불어 생명이 더 지속되었을 뿐만 아니라 새로운 옷을 입었다. 반공연맹이 '자유총연맹'으로 변신한 것과 함께 전경련 산하의 '자유기업원'이라는 조직의 이름이 그러한 새 옷 입기를 상징한다. 이제 자유는 기업의 '자유', 해고의 권한을 발휘할 '자유'가 되었다. 우리는 반공이 자유로 변신하고, 자유가 새로운 옷을 입는 모든 과정을 지켜보고 경험했다. 그것은 단순한 정치적 구호가 아니라 한국의 대중들이 70여 년 동안 살아온 고통스러운 삶의 마디마디에 들어와 있다.

나는 이 70여 년의 세월 중 최근의 약 50여 년의 세월을 직접 겪었고, 더 최근의 30여 년 동안 연구자로서 반공, 자유와 관련된 논문, 에세이, 칼럼 등을 써 왔다. 이미 『자유라는 화두』, 『1997년 이후 한국 사회의 성찰』, 『전쟁정치』 등의 기존의 저작들과, 그 전의 논문들과 에세이에서 이 책에서 엮은 반공과 자유에 관한 많은 글을 썼으며 학술지에 발표하였다. 이전에는 사상, 이데올로기, 지배 체제로서의 반공과 자유에 관심이 있었다면 지금은 정책의 측면에 더 많은 관심을 갖고 있고, 한국이 복지국가 혹은 사회국가로 도약하는 데 반공과 자유가 어떤 걸림돌이 되는지에 대해 관심을 기울이고 있다.

그래서 이 주제는 사실 별도의 저술로 정리해야 할 일이지만 다른 일들에 밀려 잊어버리고 있었는데, 이번에 필요한책 출판사에서 기존의 관련된 글들을 묶어서 하나의 작은 책자로 내면 좋겠다고 제안을 해 왔다. 대선 국면에서 한국 사회의 체제 전환, 특히 반공자유주의의 틀을 벗어나지 못한 지난 김대중, 노무현, 문재인 정부의 한계를 짚어 보고 한국 정치의 미래를 함께 고민해 보는 것도 의미가 있다는 생각이 들었다. 그래서 기존의 글 외에 지금의 대선 국면에서 쏟아져 나온 보수 야당인 국민의힘 측 후보들의 언술을 통해 한국의 주류 반공자유주의 세력의 세계관과 정책적 대안의 한계에 대해서 언급하는 글을 덧붙였다.

애초에 논문으로 나온 글들이 대부분인데, 지금처럼 딱딱한 글을 기피하는 분위기에서 이런 글이 일반 독자들에게 얼마나 다가갈 수 있을까 걱정스러운 점이 많다. 그러나 한국의 정치 경체 체제를 깊이 고민하면서 대안을 찾는 분들에게 약간의 사고의 실마리라도 제공해 줄 수 있다면 필자로서는 매우 기쁜 일이다. 책 출간을 제안해 준 필요한책 편집진에게 감사드린다.

2021년 10월 20일

김동춘

1972년 5월 1일 방첩 및 승공 국민총궐기대회 ⓒ서울사진아카이브

01
상처받은
자유주의,
반공자유주의의
탄생

1. 반공주의와 전쟁정치의 일상화

한국은 사회주의 북한과 '적대'하고 있는 전쟁(휴전) 상태의 국가다. 1950년 6월 25일 발발한 한국전쟁은 3년 만에 휴전 상태로 종료되었지만, 아직 교전 당사자들 간에 종전이 선포되지 않았기 때문에 한반도는 여전히 전쟁 상태에 있는 셈이다.

그보다 먼저인 일제강점기 말에는 '국방국가', '총력전'의 개념이 전시와 평시의 구분을 없애기도 했다.[1] 그리고 정부 수립 직후의 반란과 내전, 3년간의 전면전, 그 이후 지금까지의 휴전 기간까지, 한국은 전쟁 논리가 평상시에도 계속 작동해 온 체제였다. 그런데 한국의 지배 체제를 다루는 사회과학에서는 이 명백한 사실이 종종 간과되곤 한다.

물론 1987년 민주화로 군부 정권이 사라지고 사회 제반 영역의 문민화가 진행된, 고도로 산업화된 한국을 정치학자 라스웰Lasswell이 말하는 병영국가Garrison State라

---

1 후지다 쇼조. 김석근 옮김. 2009. 『천황제 국가의 지배원리』. 논형. ; 기모토 다케시. 2010. 총력전의 이율배반. 역사문제연구소, 『역사문제연구』. No. 23.

고 단정 지어 말할 수는 없을 것이다. 여기서 병영국가란 폭력 전문가들이 키를 잡고 있는 국가이며, 조직된 경제, 사회 생활이 전투 세력의 힘에 종속된 국가를 말한다.[2] 그러나 병영국가는 아니어도, 냉전 체제하의 만성적인 전쟁 위기는 한국을 국가 목표의 최우선을 '안보'에 두는 안보국가National Security State로 만들 수밖에 없었다.

일상을 전쟁터로 만드는 '적'과 '우리'의 논리

근대 국가는 사회 계약의 산물이라기보다는 전쟁의 산물이다.[3] 20세기 국가, 특히 제2차 세계대전 후 독립한 국가는 강대국 간의 패권 다툼 전쟁, 독립 투쟁과 내전의 결과물인 경우가 많다. 그런데 국가 수립 후에도 내전과 극단적 정치 갈등이 계속되면, 국가를 탄생시킨 산파인 전쟁은 "나른 방식으로 지속되어" 국가의 이후 활동에 내재화된다.[4] 그래서 외부의 적과의 전쟁이 급박하지 않더라

2 Harold Lasswell. 1997. The Garrison State. New Jersey: Transaction Publishers(originally 1937).

3 Michael Mann. 1988. States, War and Capitalism. Oxford: Basil Black Ltd.; Charles Tilly. 1986. "War Making and State Making as Organized Crime." Peter Evans · Dietrich Rueschemeyer · Theda Skocpol. 1986. Bringing The State Back In. Cambridge: Cambridge University Press.

4 미셸 푸코. 1997. 『사회를 보호해야 한다』. 박정자 옮김. 동문선.

도 내부의 반란이나 저항으로 인해 국가 지배 계급의 권력 기반이 취약해지면, 내부의 적은 그 실제 위협 이상으로 과대 포장되고 국가는 여전히 전쟁 상태에 있는 것으로 상황 규정된다.

정치학자 카를 슈미트Carl Schmitt가 말했듯이 정치적인 것과 정치 일반, 국가는 '적과 우리'라는 전쟁 논리를 특징으로 하지만,[5] 특히 전쟁 중인 국가나 준전쟁 상태 국가에서의 국내 정치는 가장 극단적인 '적과 우리'의 논리에 의해 수행될 가능성이 크다. 그리고 설사 교전 상황이 아니라도 단지 위험만을 이유로 국가 운영이나 국내 정치가 전쟁 수행의 모델이나 원리로 진행될 때, 정치·사회 갈등이 폭력화되거나 지배 질서 유지를 위해 '적과 우리'의 원칙과 담론이 사용되어 적으로 지목된 집단을 완전히 부정하려 할 때, 전쟁의 보편화와 일상화가 이뤄진다. 즉 국가 권력 행사나 일상 정치 활동을 곧 비정규 전쟁과 같은 것으로 간주하는 경우, 내전과 통상적인 정치 갈등은 거의 구별할 수 없게 된다. 그렇게 되면 사회 전 영역이나 집단에는 전쟁의 원리가 일반화되어 국가 내부의 야당 저항 운동이나 비판적 민간인까지도 내전 중의 절대적 적

---

5 Carl Schmitt. 2005. Political Theology : Four Chapters on the Concept of Sovereignty. Chicago: University of Chicago Press. pp. 19~79.

absolute enemy처럼 취급된다.[6] "전쟁은 정치의 연장"이라는 클라우제비츠의 정의가 "정치는 전쟁이 다른 방식으로 지속되는 것"이라는 푸코의 주장에 의해 재해석된 것에 비추어, 여기서는 이러한 정치적 실천을 '전쟁정치'라 부르고자 한다.

전쟁정치를 정당화하는 것들

전쟁정치는 이데올로기 차원(반공주의, 반인종주의 등), 법적 차원(계엄법, 국가보안법 등의 제정과 집행), 공권력의 행사 방식(경찰, 군대의 동원) 등 여러 방면에서 나타난다. 이 경우 국제 정치는 물론 국내 정치도 사실상의 전쟁이나 적대적인 충돌 혹은 국가의 광범위한 폭력 행사를 항상 수반하는 경향이 있다. 그런데 정치가 전쟁 수행하듯이 시속된다고 해서 선거 제도나 사법 절차가 중단되는 것은 아니다. 그런 이유 때문에 정치학자 산체스-쿠엔카는 대부분 국가의 정치는 전쟁과 선거법 사이에 위치한다고 말하기도 했다.[7]

6 카를 슈미트. 1998. 『파르티잔: 그 존재와 의미』. 김효전 옮김. 문학과지성사.; Laclau, Ernesto. 2005. "On Real and Absolute Enemies." Contennial Review, Spring.

7 산체스-쿠엔카 이그나시오. 2008. 『민주주의와 법의 지배』. 아담 세보르스키·호세 마리아 미라벨 외 지음. 안귀남·송호창 외 옮김. 후마니타스, 160쪽.

전쟁정치는 국가가 대내외적으로 적과 마주하고 있다는 상황 인식 위에서 이데올로기 혹은 담론으로 선전되고 정당화되며, 국가 기관을 통해서 구체적으로 실행된다. 이러한 위기 상황에서는 국가의 모든 사회 경제 정책이 전쟁 수행이라는 목적하에 종속된다. 지배 정책은 군사 담론으로 표현된다. 민간인 저항 세력도 무장한 적과 같이 취급되고, 군인에게 적용되는 법과 사법 절차, 통제 방식이 민간인에게도 적용된다. 전쟁 상태에서 적은 폭력적 진압, 정당화된 살해의 대상이 되므로 국가 내부의 적, 혹은 적으로 의심되는 시민 또한 최소한의 법적 보호에서조차 배제될 가능성이 크다. 통상 교전 중의 적은 접촉, 대화, 갈등의 상대인 인간이라기 보다는 야만인, 심지어 동물과 같은 존재로 취급되는 경향이 있다.[8] 따라서 민주주의 형식이 수립되었어도 전쟁정치의 원리가 작동하면 단순한 정치적 반대 세력이나 저항 세력의 인권도 검찰, 경찰 등 공권력의 집행 과정에서 쉽게 무시되기도 한다.

자본주의 진영에서 전쟁정치를 작동시킨 냉전과 반공주의는 얼핏 보면 친자본주의와 반사회주의 질서에 대한 무조건적인 옹호를 의미하는 것처럼 보인다. 하지만 실제로는 1945년 이전의 파시즘과 극우 독재의 계승자로서의

---

8 Norbert Elias. 1988. "Violence and Civilization: The State Monopoly of Physical Violence." John Keane ed. Civil Society and the State: New European Perspectives. London: Verso. p. 185.

'반혁명'을 내용으로 한다. 1945년 이후 반공 국가는 과거의 천황제, 반유대주의 등의 내용은 극복하였지만, '사회주의 공포증'을 국가 정체성의 기본 내용으로 삼았다. 동아시아의 맥락에서 보면 냉전 체제의 전선에 있었던 남베트남, 대만과 한국이 대표적인 예이다. 자본주의 진영의 패권 국가인 미국과 그 하위 파트너인 일본과는 달리 이들 국가들은 장기화된 계엄(대만)이나 국가보안법 및 각종 비상조치(한국)와 같이 적과의 전쟁 수행을 위한 사실상의 비상 상태가 일상화된 국가였다. 냉전 기간 동안 냉전의 최전선에 놓인 국가들에서는 정도의 차이는 있지만 모두 이와 유사한 지배 체제가 나타났다.

냉전과 한국의 전쟁정치

물론 냉전Cold War이라는 개념은 국제 정치, 역사학에서 주로 사용되고 있는 용어로서 좌우 간의 국제적인 대립, 미·소 간의 항구적인 전쟁 준비 상태, 핵 개발을 통한 상호적대와 대립, 혹은 열전熱戰의 반대말로 공식화되어 있다. 하지만 앞의 전쟁정치의 개념을 적용해 보면, 냉전은 극도의 반공주의적 기치 아래 개별 국가의 법과 제도, 그리고 정치적 지배 구조로 내재화되어 각 국가의 지배 체제, 더 나아가 사회 경제 체제를 지칭하는 개념이기도 했다. 냉전 시대 패권 국가인 소련과 미국은 전쟁을 제도화, 일상화한 지배 체제를 구축하였다. 그리고 이들 패권 국가가 아닌 냉전의 최전선 국가, 서유럽과 인접했던 동구와 중국, 소련, 그리고 북한과 맞대면한 남한에서도 냉전의 전선은 전 사회로 확산되었다.

사회학자 기든스Giddens가 말하는 냉전이 지배하는 지구정치地球政治에서는 특정 국가가 처한 위치, 그리고 적과의 대치 전선에서의 위치가 중요하다. 지구정치 내에서의 국가의 위상과 위치, 특히 전선에의 근접성은 각 국가의 지배 질서와 사회 관계에 직접 영향을 주기 때문이다.[9] 물론 사회주의 진영의 냉전 전선국가와 자본주의 진영의 냉전 전선국가, 즉 냉전-반공국가 사이에는 정치·경제 체제의 차이에서 오는 또 다른 차별성이 있을 것이다. 예를 들어 냉전, 사회주의의 체코나 헝가리와 냉전, 반공주의의 대만, 한국은 흥미로운 비교의 대상이 될 수 있다. 그런데 전자는 소련, 동구 사회주의 붕괴로 역사가 되었지만 후자는 아직 현재 진행형이다. 즉 동아시아에서는 냉전, 반공주의 지배 체제가 지속되고 있으며 냉전 질서와 탈냉전 질서가 공존하면서 자국의 국민들을 규율하고 있다.

---

9 Anthony Giddens. 1987, Nation-State and Violence. Berkeley: University of California Press. p. 267.

1975년 출간된 중학교 2학년용 승공통일의 길 교과서 ⓒ서울역사박물관

국가 내부를 공격했던 반공 이념

전쟁정치는 냉전의 최전선에 놓였던 국가에게는 예외적인 상태가 아니라 법, 이데올로기, 문화의 일부가 되었다. 특히 1950년 매카시즘 전후의 미국과 한국전쟁 전후 한국이 견지했던 반공주의는 외부의 적인 사회주의 진영을 향한 것이기도 하지만, 국가 내부의 반정부적 특정 세력이나 체제 비판 세력에 대한 전쟁정치의 실천이기도 했다.[10]

그래서 권력자는 언제나 전쟁 상태, 안보 위기라는 상황 규정을 일반화하였고, 그것을 정치와 사회 전 영역으로 확산시켰다. 박정희는 "조국의 현실이 백척간두에 처해 있다", "우리가 직면하고 있는 오늘의 상황은 준전시 상태가 아니라 전쟁을 하고 있는 상태"[11]라고 규정했고, 전두환도 "적의 끊임없는 공격 위협에 직면하는 상황"[12]이라고 당시를 규정했다. 박정희는 "민청학련이 공산주의적 인민혁명을 수행하려 하고 있다"고 단정한 다음, 대통령 긴급 조치 4호를 공포하였고, 이후 인혁당재건위 혐의자들을 '적'으로 간주하여 군법회의에서 재판을 하여 곧바로

10 Joel Kovel. 1994. Red Hunting in the Promised Land: Anticommunism and the Making of America. New York: Basic Books.
11 대통령비서실. 1975. 『박정희 대통령 연설문집』. 제11집. 26쪽. 183쪽.
12 대통령비서실. 1984. 『전두환 대통령 연설문집』. 제4집. 171쪽.

사형시켰다.[13] 물론 심각한 인권 침해나 학살을 저지르고 사후적으로 전쟁 논리를 들이대는 경우도 빈번했다. 실미도에서 군번 없는 훈련병들이 무자비한 폭력을 견디다 못해 반항, 탈주하자 이들을 구타, 총살 등의 방법으로 죽인 사실에 대해 당시 군법무관이었던 김중권은 "당시는 전시 상황이라고 교육대장이 판단한 것으로 보입니다"라며 평상시 훈련 기간의 잔혹성을 전쟁 논리를 들먹이며 정당화하기도 했다.[14]

이렇듯 동아시아의 냉전 체제 수립 이후 전시와 평화 시기 간의 구분이 희석되고 전쟁 모델이 시민 사회 영역에까지 적용됨으로서 각 나라의 법, 정치, 규율은 유사한 양상을 보이게 되었다. 그중에서도 1987년까지 계엄이 유지된 대만은 한국과 가장 유사한 조건에 있었다.[15] 대만의 경우 집권 국민당은 언론·출판·학문·사상 등 국민 기본권을 심각하게 제약했으며, 노조에도 국민당의 세포를 심어서 통제하였고,[16] 한국 역시 1987년 이전은 물론이고 그 이후에도 노조의 활동에 중앙정보부를 비롯한 수사 정

13 문형래. 2009. 법에 내재된 정치와 폭력에 관한 연구: 유신체제의 형성과 인혁당 재건위 사건을 중심으로. 성공회대학교 NGO대학원 석사학위논문.

14 김두식. 2004. 『헌법의 풍경』. 교양인. 97쪽.

15 Kuan-Hsing Chen. 2010. Asia as Method :Toward Deimperialization. Durham:Duke University Press.

16 김준. 1993. 아시아 권위주의 국가의 노동정치와 노동 운동. 서울대학교 대학원 사회학과 박사학위논문.

보 기관이 개입하였다. 이처럼 동아시아에서의 냉전과 반공주의는 단순히 군사 정치 질서에서만 적용된 것이 아니었다. 국가와 시민 사회와의 관계, 특히 내부의 국가 반대 세력에 대한 통제와 처벌의 체제, 그리고 노동에 대한 억압적 규율과 통제 체제로도 존재했다.

반공의 논리를 갖게 된 우파의 맥락

이러한 전쟁정치를 가능하게 한 반공 이념을 주도한 한국의 우파들은 출생 당시부터 봉건, 제국주의 억압에 대항하여 자유를 쟁취해 온 경험을 갖지 못하고 있다. 그들은 미국이 주도하는 자본주의 세계 체제의 이념과 질서에 절대적으로 '복종'하고, 북의 공산주의적 개혁에 놀라 스스로의 입지를 '방어'하기 위한 논리를 통해 자리잡은 이들이었다. 그들이 내세우는 '자유'는 투쟁을 통해 수립된 것도 아니며 철학적 성찰이 담긴 것도 아니다. 그것은 사실상 강대국에 대한 굴종의 논리이자 생존 본능이었다. 18, 19세기에 해방liberation의 이념으로 등장한 자유주의 liberalism가 어떻게 정반대의 방향으로 개념의 굴절을 겪는지, 자유주의가 어떻게 반자유주의적인 실천을 정당화하는 논리로 사용되는지 알아보려면 냉전 시기 미국의 매카시즘 그리고 냉전이 아직까지 지속되는 한국 사회를 보면 된다.

만약 우파의 자유주의가 공산주의의 전체주의적, 반자유주의적 측면에 대항한 투쟁을 들어서 그 이력을 과시하려면, 공산주의와 유사한 억압 체제인 일제의 파시즘에 대해서는 왜 저항은커녕 일방적으로 지지, 복종하였는지 설명해야 한다. 그리고 그것이 어떤 철학적 내용과 사상적 근거를 갖고 있다는 것을 주장하기 위해서는 왜 '국가'보다도, '민족'보다도 개인의 자유가 중요한지를 주장해야 하고 실천해야 한다. 그러나 한국의 자유주의(자)는 그것을 할 수가 없다. 한국의 자유주의는 반자유주의적인 '국시國是'의 논리, 일제 강점기의 치안유지법과 그 계승자인 '국가보안법'의 폭력성에 대해 체계적이고 논리적으로 비판한 적이 없기 때문이다.

우리는 한국 '우익' 출생의 정치적 맥락을 이해해야만 왜 한국의 자유주의가 사실상 '반자유주의적'인 논리나 지배 체제에 언제나 예속될 수밖에 없었는지, 왜 한국에는 자유주의가 사실상 존립할 수 없었는지 알 수 있다. 그리고 우익이 주장하는 자유가 해방의 이념으로서가 아니라 아부의 논리이자 방어의 논리, 즉 친미와 반공의 논리 혹은 파시즘적 정치적 실천으로 어떻게 존재해 왔고 어째서 지금도 존재하고 있는지 이해할 수 있다.

2. 한국의 우익과 상처받은 자유주의

한국의 우익들이 보여 주는 "'국가'와 '자본주의'를 지키기 위한 행동들은 무조건 정당화할 수 있다'는 논리는 곧 30년대 독일과 일본, 50년대 남한과 미국에서 나타난 '광신적 반공주의'에 다름 아니다. 이러한 이분법에서는 상대방에 대한 관용은 물론 기대할 수 없고, 대화와 타협의 여지가 애초부터 차단되어 있다. 또한 이 논리에는 '국가'를 지키자는 것 외에, '국가의 무엇을 어떻게 지키자'는 내용이 생략되어 있다. 한국의 우익에게는 이념이나 사상이 없다. 그들에게 일관된 것이 있다면 그냥 '공산주의 반대'거나 그렇지 않으면 친미, 친자본, 반노동, 반북한으로 집약해 볼 수 있다. 이것은 서양의 '우익'이 표방하는 종교와 전통, 가족 질서에 대한 강조와도 거리가 멀다.

통상 서양 보수 우파의 논리는 프랑스 혁명기의 구舊질서가 내세웠던 '재산, 가족, 종교'에서 기원을 두고 있으며 대체로 세습 귀족제, 인종적 우위, 특권 옹호 등의 내용이 포함되어 있다. 그에 반하여 자유주의의 논리는 자율성, 개인의 인권, 차별의 철폐, 개방성 등의 가치를 존중하면서 우파를 비판하고 있다. 그런데 한국의 우파 역시 서구의 우파처럼 '가치'를 내세우기보다는 '지킬 것'만 강조하는데, 단지 지켜야 할 것이 '국가'와 '자본'으로 대단히 단순하다는 특징을 갖는다. 특히 한국의 우파는 계급이나 인종, 권위나 전통 등의 지켜야 할 가치를 내세우면서 민중들을 설득하려 하기보다는 주로 반대파를 공격하여 공포심을 조장하는 데 열중해 왔다.

잘못 쓰이는 자유민주주의

봉건 세력과 파시즘에 대한 투쟁의 역사를 가진 서구에서는 '우익'의 위협으로부터 자유민주주의를 지키자는 공감대가 형성되어 있다. 그런데 한국에서는 이상하게도 과거나 현재나 '우익'이 자유민주주의자임을 자처하고 있으며 양자가 혼동된다.

한국에서 보수주의와 자유민주주의를 통괄하는 우익의 지배 이념은 극우반공주의였다. 때문에 극우반공주의를 넘어서거나 비판하는 보수주의 혹은 자유민주주의는 존재하지 않았다. 즉 우익 진영의 헤게모니는 극우반공주의에 있으며, 이 극우반공주의가 자유민주주의의 외피를 지니고 있다고 하겠다. 그런데 한국의 우익에게 더 중요한 것은 사실 그들의 입장이나 이념이 아니다. 필자는 한국의 극우반공주의가 보수주의 일반의 이념, 혹은 자유민주주의와도 거리가 먼 '상처받은 자유주의'라고 보고 있으며, 그들이 왜 이렇게 '색깔론'에 집착하는지, 그리고 정책적·이념적 토론보다는 공격적이고 험악한 언사를 사용해서 자신의 입지를 방어하려 하는지를 이해하기 위해서라도 그들이 입었던 '상처'의 역사를 알아야 한다고 본다.

한국의 우익과 가장 유사한 입장의 우익을 들자면 1945년 직후, 즉 냉전 체제 형성 과정에서 미국에서 전형적으로 나타난 우익이라 할 수 있다. 그들이 표방한 노선과 담론이 바로 냉전자유주의cold-war liberalism였다. 그런데 미국의 경우가 그러하듯이 냉전 체제하에서의 자유주의는 '자유민주주의'로 존재할 수 없다. 그것은 재산의 소유권을 배타적으로 옹호하고 소유권 행사를 제약하는 모든 노동 운동이나 민주화 운동을 소련의 사주를 받는 공산주의 운동으로 간주하였기 때문이다.

자유라는 이름의 '편법'과 '몽둥이'

1972년 유신헌법 제정에 관여한 법학자 한태연은 일찍이 1950년대 말 『사상계』 지면에서 자유민주주의가 원래 세계관에서는 상대주의이며 가치에 있어서는 중립주의였으나 공산주의 질서에 대항하기 위하여 점차 절대주의, 종교와 같은 것으로 변질하기 시작하였으며, 공산주의와 전쟁을 벌인 한국에서 그러한 양상이 가장 두드러진다고 지적한바 있다.[17] 그가 지적하듯이 한국에서는 그것이 국가보안법의 법제화로 나타난 것이고, 한국전쟁 당시 무수한 민간인 학살로 나타난 것이다. 후에 독재 체제의 기반을 마련했던 한태연마저도 국가보안법이 존재하고 반공이 '국시'가 되는 나라에서는 '자유의 한계'가 설정될 수밖에 없다는 점을 솔직하게 인정하고 있는 셈이다.

생각해 보자. 자유민주주의의 기본 질서를 유지하기 위해 계엄과 국가보안법과 긴급 조치와 쿠데타가 필요하다는 논리가 가능하다면, 제주 4.3 사건 당시 무고한 민간인 학살을 정당화했던 계엄령과 같은 국가의 비상조치들이 실제로는 자유민주주의와 헌법의 정신을 근본적으로 부정한다는 모순이 발생한다. 한국의 자유주의는 바로 이러한 해명할 수 없는 자기모순 상황에 처해 있는 것이다. 즉 공산주의에 대항하여 '자유'를 지키자는 법이 실제로는 '자유'를 탄압하는 법률이 될 때 그 모순이 가장 극명하게 드러난다. 이것은 추구하는 사회의 모습, 그러한 사회에 필요한 인간형, 그것을 이루기 위한 방법에 대한 성

---

17 한태연. 1958. 한국에 있어서의 자유. 『사상계』 65호.

찰이 완전히 결여된 가장 천박하고 타락한 자유주의, 즉 '붉은 세력'에게 몽둥이를 가할 수 있는 강력한 국가와 억압적 기구를 환영하는 '자유주의'인 것이고, 편법과 몽둥이를 자유라고 강변하는 것이다.

한국형 우익 탄생의 비밀

한국 극우반공주의의 진면목에 도달하기 위해서는 1945년 이후부터 4·19혁명 이전까지 만연했던 우익의 정치 폭력을 이해해야 한다. 그 시절 공격적인 반공주의는 무소불위의 강제력을 동반한 반공 청년 운동을 통해 주로 드러났으며, 방식은 바뀌었지만 그 생리는 지금까지 그대로 유지되고 있기 때문이다.

1946년 이후의 백색 테러 혹은 정치 폭력은 일차적으로는 구 친일 세력의 자기방어 심리, 이차적으로는 북한 사회주의의 위협에 대한 위기의식과 공포에서 출발한 것이다. 독일의 파시즘이나 미국의 매카시즘이 그러하듯이 공격적인 우익 이념이나 우익적 실천은 진보적 지식인 혹은 좌익의 위협에 대한 반응에서 출발하고 있으며 이들의 공세가 위협적일수록, 그리고 그 공세에 대한 방어의 논리나 입지가 취약할수록 대항 논리도 더욱 공격적인 성격을 지니는 경향이 있다.

해방 직후의 친일 세력은 적극적 친일 세력과 생존을 위한 소극적 친일 세력으로 구분할 수 있다. 일제하에서 출세와 승진의 길을 도모하였던 관료, 군 장교, 경찰 간부, 친일적 담론을 유포한 지식인 등을 적극적인 친일 세력으로 본다면 말단 관료, 말단 군인, 말단 경찰관 등은 소극적인 생존을 위한 친일 세력으로 분류된다. 만약 한국의 해방이 미·소에 의한 분단을 수반하지 않았다면, 적극적 친일 세력은 독일이나 프랑스에서 그러한 것처럼 수립될 정권이 자유주의적 성격과 사회주의적 성격 중 어떤 성격을 지녔든 간에 국가건설nation-building 과정에서 배제되거나 어느 정도 단죄를 받았을 것이고, 소극적 친일 세력은 자기반성을 거쳐 재기용되었을 것이다. 그런데 해방이 자력에 의한 것이 아니었던 만큼 우리의 의지와 무관하게 남북은 미·소의 분할 점령으로 귀결되며 냉전 기류가 한반도에 조숙하게 형성되었다. 그 결과 민족 국가 수립 문제는 좌우익 이념 대립 문제에 의해 뒤로 밀려나게 되었다. 이러한 냉전 질서의 구축은 미국의 전후 자본주의 재건 전략, 일본의 군국주의 우익 부활 전략과 일본에 대한 방어 진지를 한반도에 구축하려는 전략의 산물이었다. 그리고 남한에서 냉전이란 곧 일본 군국주의에 협력했던 친일 세력, 즉 극우 세력의 부활을 의미하였다. 이들은 자신

을 '구원해 줄' 유일한 세력이 반공과 반소, 친자본, 친현
상유지 정책을 펴는 미국임을 확실히 파악하고 그 길로
매진한 것이다.

생존을 위해 결집한 우익

그러나 타력에 의해 주어진 해방이라고 하더라도 친일
세력이 미국의 진주와 냉전 분위기에 편승하여 자신의 기
득권을 유지하는 것은 일반 민중들의 정서로는 도저히 용
납할 수 없는 일이었다. 따라서 좌익 정치 세력의 사주와
무관하게 민중적인 차원에서는 이들에 대한 자연 발생적
인 공격이 만연하였는데, 그것이 가장 극적으로 표출된
일이 1946년에 일어난 대구 10.1 사건이었다.

대구 10.1 사건은 식량난이 심각한 상태에서 미군정이
친일 관리를 고용하고 토지 개혁을 지연하며 식량 공출
정책을 강압적으로 시행하자, 불만을 가진 민간인과 일부
좌익 세력이 들고 일어나면서 발생했다. 이에 위기의식
을 느낀 친일 세력은 미군정의 지원에 편승하여 경찰력을
앞세우게 된다. 그래서 미군정하에서 초기에 보다 공세적
인 입지에 있었던 좌익, 민족 세력은 점차 정치적 입지를
상실하게 되었다. 상대적으로 '우익' 애국 세력으로 변신

한 구 친일 세력은 보다 공세적으로 좌익 소탕에 나서게 되었다. 이들은 곧 자유민주주의, 혹은 자유 진영으로 자신을 포장하게 되었으며, 국가 건설의 주역으로서 입지를 확보하기에 이르렀다.

이러한 좌익에 대항한 우익의 힘을 더욱 배가시키고, 우익의 대응을 더욱 폭력적으로 만든 주역은 38선 이북에서의 사회주의 개혁을 피해 월남한 우익 청년들이었다. 이들은 남한에서 친일 세력이 일반 민중들이나 좌익 세력에게 공격을 당했듯이 북한에서 자신의 물적인 터전을 상실하였으며, 종교적 자유를 박탈당하였고 지식인으로서의 체면을 유지할 수 없었다. 따라서 이북에서 친일 경력을 가졌거나 상당한 재산을 소유했던 사람 등이 남으로 내려와서는 가장 공격적인 우익이 되었으며, 기독교 인사 및 온건한 자유주의자들도 이러한 반공의 대열에 앞장서게 되었다. 이들은 남한의 우익과는 달리 공권력을 장악한 사회주의 세력으로부터 자신의 물질적 기반을 직접 박탈당한 체험을 갖고 있었기에 공산주의에 대한 적개심이 남한의 우익을 압도하게 되었으며, 공산주의가 싫어서 내려왔다는 그 명분 하나만으로도 반공 노선의 헤게모니를 잡을 수 있었다. 50년대까지 이들은 체제 수호의 선봉에 서게 되었고 정계, 군부, 「조선일보」를 비롯한 언론, 기독교계에서 가장 강력한 영향력을 행사하였다.

한국전쟁 당시 폐허를 뒤지는 아이들_폴 굴드 슐레징거 촬영 ©전쟁기념관

한국전쟁을 거치며 극단화된 정치 지형

결국 남한 내 구 친일 세력과 1947년 이전에 월남한 우익 세력의 대다수는 사실상 '자유'의 가치를 존중해서 남한을 선택했다기보다는 일차적으로는 생존을 위해, 그리고 자신의 입지를 위협하는 공산주의 세력에 대한 공포 속에서 반공 국가 건설에 앞장섰다고 볼 수 있을 것이다. 그러한 입지를 지키는 데 가장 믿을 만한 방패는 미국의 지원과 이승만 정권의 수족이었던 경찰력이었다. 이승만 정권의 기반이 경찰과 군대, 그리고 미국의 지원에 있었던 만큼 한국 우익의 초기적 기반은 물리적인 국가 기구와 미국의 절대적 지원에 있었으며, 한국전쟁은 그러한 기반을 확고하게 만드는 데 기여하였다.

정부 수립과 한국전쟁을 거치면서 잔존하던 민족 세력, 중도 좌파 세력이 완전히 제거되자 한국의 정치 이데올로기 지형은 대체로 다음과 같이 변했다.

[1946년 당시의 지형]

극우	중도우	중도(민족)	중도좌	극좌

[1953년 이후의 지형]

극우	중도우 중도(민족) 중도좌

우선 위의 [1946년 당시의 지형]에서 오른편 반이 완전히 제거되었다. 김구 등과 같은 우파 민족 세력, 조소앙 등 중도파 민족 세력, 여운형계 중도 좌파의 완전한 제거다. 그리하여 아래의 [1953년 이후의 지형]에서와 같이 위의 남은 왼쪽 반이 전체 정치 세력 그리고 이데올로기 지형을 채우게 되었고, 그중에서도 극우의 입지가 훨씬 넓어졌다. 실제로 극우 파시즘에 해당하는 세력이 우파 일반의 입장을 대변하게 되었고 중도파, 혹은 자유민주주의를 주창하는 세력이 좌익으로 간주되는 경향이 나타났으며 살아남은 중도 좌익 혹은 사회민주주의적 정치 세력이 극좌로 분류되었다. 특히 1960년대 이후 민주화 운동에 앞장선 세력은 이데올로기적으로는 사실상 분단 과정에서 살아남은 중도파, 혹은 민족주의 세력이었다고 할 수 있으나 이들은 종종 좌익이라고 공격을 받았다.

과잉 대표된 극우 세력

이러한 정치적 환경 변화는 극우 세력이 정치의 장에서 과잉 대표되는 환경을 조성하였다. 극우와 중도 우파가 독점하는 정치 질서에서 정당은 이념에 의해서가 아니라 권력의 창출 문제를 중심으로 이합집산 하는 양상을 지니게 되었다. 이 경우 여야의 구분은 이데올로기적 구분과는 사실상 무관하게 편재되었다. 언론계에서도 극우 매체의 독점이 역시 유사한 양상으로 나타났으며 중도파, 혹은 자유민주주의를 지향하는 기조는 극히 미미한 세력만을 차지하였다. 민족주의적 언론은 4·19혁명 직후와 같은 예외적인 시기에 잠시 나타났다가 사라졌고, 일부 자유민주주의를 지향하는 언론인은 70년대 유신 정권하의 언론계에서 추방당했으며 80년대 이후 언론의 기조는 극우와 우익의 입장만이 허용되었다. 지식 사회 혹은 시민 사회에서도 이와 유사한 양상이 나타났다.

70년대까지 이러한 전방위적인 극우반공주의에 대한 안티테제는 민족주의와 자유민주주의였다. 그리고 그것을 주도한 세력은 반공주의의 틀 안에 있지만 극우의 이념에는 동조하지 않는 자유주의적인 학자, 목회자, 학생, 중간층이었다. 대표적으로 장준하, 함석헌 등과 같은 이들은 주로 분단과 한국전쟁 과정에서 남한 체제를 선택했던 양심적인 기독교 인사들이며, 남한 체제의 극우반공주의와 일정한 거리를 유지하고 있던 진정한 자유주의 혹은 민족주의 세력이었다. 이들은 4·19혁명을 기점으로 해서 본격적으로 목소리를 내기 시작하였으며, 70년대 유신 반대 운동 과정에서 혹독한 탄압을 받았다. 이들 중 다수의 인사들이 고문과 탄압의 후유증으로 사망하거나 활동을 정지하였으며, 일부 인사들은 80년대 이후에도 민주화 운동에 가담하였다.

결국 80년대 이전까지 한국은 극우반공주의의 독재 체제였다고 해도 과언이 아니다. 극우반공주의를 비판하는 정치 세력과 사회 세력은 공식적으로 활동할 수 없었으며, 그들의 세계관을 의심하는 지적인 흐름도 존속할 수 없었다. 예를 들어 리영희 교수가 쓴 『전환시대의 논리』중 베트남 관련 논문은 그 대상을 우회적으로 비판하는 것이었는데도 불구하고 심각한 탄압을 받고 의식화를 부추긴 서적으로 분류되었다. 그 내용이 극우반공주의의 물질적, 정신적 존립 기반에 의문을 제기하였기 때문이다.

극우반공주의가 가장 결정적 도전을 받는 계기는 80년대의 거센 민족주의와 사회주의였으며, 그 주창자는 학생 운동 진영이었다. 학생 운동은 남한의 극우반공주의가 친미 반민족 세력의 입지를 정당화하는 이데올로기에 불과한 것이며, 가장 노골적인 친자본/반사회주의 논리라고 공격하였다. 1987년 6월 항쟁 등으로 인한 군부의 퇴진과 민주화 운동의 진척은 극우반공주의의 입지를 크게 약화시켰다. 그러나 극우반공주의는 곧 이에 맞서 보다 공격적인 대응 전략을 구사했다. 특히 1989년 소련과 동구사회주의의 붕괴는 이들의 목소리를 강화시킬 수 있는 조건으로 작용하였다. 이들은 민주/독재라는 구도가 잘못되었고 좌익 세력과 체제 유지(자칭 자유민주) 세력 간의 갈등이 근본적인 것이라고 보면서, 모든 형태의 민주화 운동을 좌익적인 것으로 규정하기 시작하였다. 그리고 극우 세력을 지탱시켜 주던 군부는 비록 사라졌지만, 그 과정에서 획득된 자본의 힘과 언론의 힘이 새로운 버팀목이 되기 시작하였다. 이러한 반공과 자본주의의 결탁은 다음 장에서 보다 구체적으로 다룬다.

왜곡된 세상을 만든 우익의 공격성

1947년 이후 미국의 일본 재부흥 정책과 한반도의 현상 유지 정책은 단순하게 일본의 전범과 한국의 친일파를 정치적으로 부활시키는 데서 끝나지 않았다. 일본의 경우, 그래도 최소한의 '민주 개혁'을 강요했기 때문에 문제가 덜 되었지만, 한국에서는 아부와 출세의 달인들이 '국가의 지도자'가 되는 사회적 뒤틀림 효과가 발생하였다. 즉 냉전과 분단은 '우스꽝스러운 보통 사람'을 영웅으로 만들어 버리는 효과를 가져왔다. 대표적으로 일본의 헌병 밀정 출신 김창룡이 '친일 콤플렉스'를 갖고서 국가의 2인 자로 부상하는 어처구니없는 역사가 이렇게 만들어진다.

1916년에 함경남도 영흥군에서 태어난 김창룡은 만주 의 일본군 헌병대 군속으로 일하다 관동군 헌병이 되어 중국의 조선인 항일 세력과 좌익 세력을 체포했다. 해방 후에는 북한에서 친일 반동분자로 체포되어 사형 선고를 두 번 받았으나 탈출, 월남하여 대공첩보 분야에서 승승 장구했다. 다수의 학살 사건에 개입한 것으로 알려졌으며 이승만의 신임을 얻어 정권의 2인자로까지 평가받았으나 1956년 1월 30일에 허태영 대령이 중심이 된 부하들에게 저격당해 사망했다.[18] 당시 양심적 자유주의자들이 자신 과 가족의 생존을 위해서 김창룡의 폭력 앞에 머리를 숙 일 수밖에 없었다는 사실이야말로 한국 자유주의자의 최 대의 치욕이요, 지워 버리고 싶은 악몽과 같은 기억이다. 그러나 그것은 사실 김창룡 개인이 아니라 당시의 법이요 질서였고, 체제였으며 '국가'였다. 김창룡은 바로 상처받 은 신, 상처받은 국가의 상징이었다.

김창룡은 과거 파시즘에서 전형적으로 나타나는바 천박

---

18 김동춘. 2020. 『대한민국은 왜?』. 사계절.

한 교양 수준과 콤플렉스로 가득 차 있었으며 자신에 대한 공격을 두 배로 갚아 주려는 공격적인 우익의 화신이었다. 즉 자신의 치부에 대한 비판과 공격을 끊임없이 의식하면서 그들을 제거하기 위해 동물적인 공격성을 지니고 있었다. 열등감과 그 표현으로서의 공격성은 이들이 '민족' 국가의 정상적인 주역이 될 수 없다는 근원적 한계를 다른 방식으로 돌파하고 만회하려는 데서 출발하고 있다. 즉 '반민족'의 전력 때문에 민족의 구성원, 국가 구성원으로서의 자격을 박탈당할 위기가 무리수를 쓰거나 맹목적 충성을 보임으로써 신생 정치 공동체에서 중심이 되고자 하는 강력한 열망을 불러일으킨 것이다.

이들의 소외와 주변화에 대한 열등감은 중심 혹은 주류, 혹은 정상적인 구성원이 되고자 하는 무리한 수단의 사용을 부추겼다. 특히 어떤 사회에서 소외되어 있는 사람들이 주류로 편입하려는 열망을 가질 때 자신을 입증하기 위해 주류에 있는 사람보다도 더 주류적인 언사와 실천을 감행할 수 있는데, 그것이 한국에서는 극우반공주의와 우익의 폭력으로 나타난 것이다. 친일의 경력을 가진 사람들은 민족 국가의 구성원이 되기 위해서 반공을 도그마로 만들고, 반공을 위해 반대 세력에게 테러와 학살을 가해서라도 자신의 정당성과 주류에 대한 충성을 입증해야 할 필요성이 있었다. 김창룡이 가장 공격적인 우익의 입장을 취하게 된 것은 그가 민족 공동체의 구성원이 될 자격을 애초에 결여하고 있었던 가장 추악한 친일 경력자였기 때문이다. 그가 반공주의에 집착한 이유, 반공주의가 하나의 신앙 혹은 도그마가 되어 자신의 정치적 반대 세력에게 폭력을 가하는 몽둥이로 활용된 이유도 바로 거기에 있었다.

'인종주의적'으로 치달은 정서

한국전쟁 당시 좌익 혐의를 받던 사람들 혹은 학살 피해자들이 군에 입대하여 공격적인 우익이 되거나 실제로 학살에 가담한 것도 김창룡의 사례와 유사하게 이해할 수 있다. 박정희가 쿠데타 직후 자신의 좌익 경력을 의심하는 미국에게 우익임을 입증하기 위하여 북의 밀사인 황태성[19]을 서둘러 처형하고 혁신계 인사들을 마구잡이로 구속한 것도 같은 맥락이다. 작가 이문열과 같이 부친의 좌익 경력 때문에 큰 고통을 당한 분단의 희생자들이 그들을 고통스럽게 만든 현실을 개혁하기보다는 오히려 야만

---

19 해방 전 박정희와 깊은 친분이 있었으며 조선 공산당 당원으로서 활동하다 월북했다. 5·16 쿠데타 직후 북한에서 보낸 밀사로서 박정희와의 접촉을 위해 파견되었으나 박정희와 김종필의 거부와 중앙정보부의 체포에 의해 결국 사형에 처해졌다.

적 냉전 논리를 비판하는 사회 운동 세력에 대해 더욱 적대적 태도를 보이면서 체제 옹호론자로 변신하여 활동하는 것도 이러한 사회 심리적 맥락에서 이해할 수 있다. 좌익이 천형이 되는 세상에서, 세상에 대해 야심을 가진 좌익 가족이 택할 수 있는 방법은 우익보다 더 우익적으로 되는 것이다. 이들에게 반공은 자신의 정치적 입지와 생존의 기반을 확보하기 위한 수단에 불과한 것이며, 이들이 거론하는 색깔론은 반공의 충정과 '자유'의 가치에 대한 존중에서 나온 것이 아니라 주류에 확고하게 편입하기 위한 수사, 혹은 자신의 상처를 건드린 데 대한 보복에 가까운 것이다. 따라서 이들은 민주주의자는 물론 아니지만 자유주의자는 더욱 아니다. 이들에게 일관된 것이 있다면, 그것은 생존을 위한 동물적인 본능이다.

이것이 지난 수십 년 동안 반복된 색깔론에서 전형적으로 나타난다. 이 색깔론은 선진국의 우익 세력이 표방하는 인종주의의 한국적 버전이라고 부를 수 있다. 한국에서는 인종주의적 균열이 존재하지 않기 때문에 인종주의와 같은 비이성적인 차별화의 논리는 지역주의와 색깔론으로 주로 나타나고 있다. 지역주의와 색깔론은 상대방과의 대화의 길을 완전히 차단하는 성격을 지니고 있다. 이것들은 자신의 입지를 정당화할 수 있는 가장 중요한 무기이기 때문에 자신의 입지가 어려워지면 언제나 이 무기를 사용하게 된다.

즉 색깔론은 위기의식에서 나오는 것이며 그것을 제기하는 세력이 주관적으로 느끼는 위기의 심도만큼 더욱 더 공격성을 띠게 된다. '우익 총궐기론'이나 색깔론이 90년대 이후 더욱 기승을 부리는 것도 그동안 일방적 우위를 보여 온 극우 반공의 입지가 민주화, 혹은 야당의 집권으로 약간의 위기에 놓였기 때문이다. 40년대 말이나 한국전쟁 당시 우익의 위기의식은 정치 테러와 민간인 학살로 나타났는데, 90년대를 지나서는 이와 같은 언어의 폭력으로 나타나고 있다. 과거에는 공안 기구를 통해서 상대방을 제압하는 것이 가능했지만 민주화 국면에서는 그러한 방식으로 지배하는 것이 불가능하게 되었기 때문에 이제 거대 언론이 그 역할을 대신하게 된 것이다. 사실 직접 폭력이나 말의 폭력이나 그 기원과 성격은 동일하다. 둘 다 상대방과의 대화를 차단하고, 할 수만 있다면 상대방을 적으로 몰아서 정치적으로나 경제적으로 매장시키는 방법이기 때문이다.

「조선일보」와 우파 유튜브로 대변되는 우익 매체들이 그렇게 사상 검증에 집착하는 이유도, 주로 이승만 영웅 만들기를 즐겨하며 한국 현대사에 대한 공식적인 해석에 자구 하나도 건드리지 못하도록 하는 이유도 여기에 있다. 그들이 극우반공주의의 정당성을 확보할 수 있는 가장 중요한 지점인 한국 현대사, 특히 한국전쟁과 이승만에 대한 평가에 주로 중점을 두고, 마르크스주의 경향의 이론이나 논설들, 그러한 입장을 펴는 논객을 공격하기보다는 주로 한국전쟁, 이승만과 박정희 등에 대해 극우반공주의의 시각과 다른 시각을 견지한 논객이나 정치가들을 주로 공격 대상으로 하며 현대사 해석, 북한을 보는 시각 등에 유달리 민감하게 반응하는 이유도, '기억의 정치' 즉 현대사 해석이 갖는 정치적 중요성을 누구보다 잘 알고 있기 때문이다.

이러한 이유 때문에 그들은 공공성을 지닌 언론이 아니라 입지가 좁아진 극우반공주의의 정치선전지와 유사한 기능을 하고 있다고 볼 수 있다. 오늘날의 우익 매체들은 40년대 말의 서북청년단[20], 50년대의 김창룡, 6·70년대의 군부와 공안 기구, 80년대의 5공 정권과 안기부가 했던 '위대한', '역사적 역할'을 마무리하고 있는 셈이다. 그들이 수행해 온 직업은 자유민주주의의 수호라기보다는 '국가주의'와 우익 독재의 옹호였으며, 그 방식은 '상처받은 자유주의'의 공격성이었다.

----

20 서북청년회라고도 하며 월남한 이북 각 도별 청년 단체가 1946년 11월 30일 서울에서 결성한 극우 반공 단체로 해방 후 여러 폭력 현장에서 우익 진영의 선봉을 담당했다. 폭행, 살인, 고문 등 다양한 범죄를 저질렀으며 백범 김구를 암살한 안두희도 가입되어 있었던 것으로 알려져 있다.

일이 심하여 점점 몸이
쇠약해지는 것은 다
공산당 때문이다!

그대들이 행복하게
지내지 못하는 것은
다 공산당 때문이다

판국전쟁 당시 대한민국 및 유엔군 측에서 살포한 전단 앞뒷면 ⓒ전쟁기념관

관용과 타협을 포함하는 자유민주주의

'국가의 안보를 위해' 개인의 자유를 언제든지 유보할 수 있는 국가에서 자유주의가 온전하게 생존 가능한가? 계엄령과 테러, 쿠데타와 학살, 고문과 의문사로 점철된 나라에서 자유는 주로 누가 향유해 온 가치이며 누가 그것을 주창해 왔는가?

이제 분단과 군사 정권의 일방적 지원과 보호 속에서 자라나 부를 축적하고 막강한 여론 주도력을 가진 보수 매체들이 '말의 지배'를 구사할 수 있는 시점이 되자 이들이 정부의 세무 조사를 정치 탄압으로 맞받아치는 논리로서 '언론의 자유'를 내세우는 모습은 한국에서 자유의 이념이 어디까지 희극적인 모습을 지닐 수 있는지를 잘 드러나고 있다. 과거에는 계엄령, 고문, 정치 사찰로 상징되던 냉전자유주의는 이제 시장만능주의를 옹호하는 자유기업원식 자유주의로 변했다. 그들이 과거나 현재나 일관된 것이 있다면 바로 '악덕 자본가'까지도 용인할 수 있는 '돈 벌 자유'를 자유의 으뜸에 두고 있으며, '돈 벌 자유'를 비판하는 사람은 사회주의자나 '빨갱이'로 낙인찍으며, 그 존재를 용납하지 않는다는 점이다.

자유민주주의는 타협의 산물이며, 관용을 포함하고 있다. 그것은 '재산, 종교, 가족'을 내세우는 보수주의 혹은 우익과의 투쟁 속에서 성장하였다. 그러나 한국에서는 출생 당시부터 그것이 불가능했기에, 한국 사람들은 우익을 자유민주주의자로 착각하고 있다. 따라서 우익으로부터 자유민주주의가 분리되지 않는 한 한국에서 타협과 관용이, 논쟁과 토론이, 자유의 제반 가치를 존중하는 정치 세력이 나올 수 없게 되어 있다. 즉 국가의 이념을 신성시하는 '색깔론'이 이 땅에서 완전히 사라져야 진정한 정치적 논쟁이 시작될 수 있으며 정책이 자유롭게 논의될 수 있고, 통치가 아닌 정치가 시작될 수 있으며 지식과 문화가 꽃피울 수 있다. 현재의 정치 사회적 구도에서 상식을 존중하는 인간, 교양을 중시하는 인간이 살아가기는 너무나 어렵다. 자유주의의 빈곤이야말로 오늘의 한국 정치나 한국 사회가 이렇게 뒤틀리게 된 가장 중요한 이유이지만, 과거나 현재나 지식인들과 언론들은 이러한 점을 외면하면서 정치와 사회를 비판하고 개탄하는 일을 타성적으로 반복하고 있다.

이승만 대통령 초상이 그려진 1956년 발행 오백환권 ⓒ화폐박물관

02
반공자유주의, 한국형 신자유주의가 되다

1. '발전국가' 한국

　한국은 1970, 1980년대까지는 국가가 시장에 매우 깊이 개입해서 경제 성장을 추구했던 발전국가developmental state 단계에 있었다. 여기서 '발전국가'란 근대화 과정에서 경제 성장에 국가가 깊이 개입해 국가가 시장 혹은 사회를 동원하는 걸 경제 성장에서 그 정당성의 근원을 찾고, 군사 독재 혹은 정치적 권위주의를 수반하며, 금융 장악과 전략 산업에 대한 선별적·특혜적 지원, 노동 통제를 시행했던 동아시아의 후발 국가를 주로 지칭한다.[21] 존슨(Johnson, 1982), 암스덴(Amsden, 1990), 웨이드(Wade, 1990) 등이 주로 이 개념을 사용했고, 국내에서도 이병천(2003, 2012, 2016), 김윤태(2012), 윤상우(2005) 등이 박정희·전두환 정권 시기의 국가를 발전국가로 보았다. 그러다 1997년 외환 위기를 겪은 후의 한국은 국가의 개입이 축소되고 시장 혹은 자본이 우위에 서는 신자유주의 국가neoliberal state로 전환했다는 시각이 지배

---

21 이병천 엮음. 2003. 『개발 독재와 박정희 시대 ─ 우리시대의 정치경제적 기원』. 창비.

적이다.

신자유주의 국가는 국가의 시장 개입 최소화, 재산권 보장과 개인 자유의 극대화, 그리고 시장 메커니즘의 활성화를 통해 자원의 효율적 배분을 기하는 국가를 지칭한다. 그러나 한국은 외환 위기 이후 신자유주의 개혁이 본격화된 다음에도 국가가 여전히 시장에 깊이 개입해 왔으며, 국가 주도의 친재벌 성장주의 정책, 불균형 발전 전략은 사라지지 않았다는 반론이 있다.[22] 그리고 외환 위기가 한국을 세계적 신자유주의 질서에 편입시킨 계기가 된 것은 사실이나 1987년 이전인 전두환 정권부터 경제 개방과 더불어 일부 신자유주의 정책이 시행되었다는 점도 상기해야 한다. 특히 공기업 사유화privatization는 이미 1950년대 말부터 다섯 차례 이상 진행되었으며 복지, 교육, 주택의 시장 의존도는 1997년 이전에도 매우 높았다.

따라서 한국 자본주의의 역사와 특징을 설명할 때 국가와 시장을 대립적인 것으로 보기는 어렵다. 국가와 시장을 대립하는 것으로 보면,[23] 지난 이명박·박근혜 정부에서

22 김윤태. 2012. 『한국의 재벌과 발전국가 ─ 고도성장, 독재, 지배계급의 형성』, 한울엠플러스, 327쪽. ; 이병천 엮음. 2016. 현대 한국에 민주적 자본주의의 준거 모델은 있는가. 민주화운동기념사업회 기획. 『한국의 민주주의와 자본주의 ─ 불화와 공존』. 돌베개.

23 앞의 존슨, 암스덴, 웨이드 등 막스 베버의 전통을 따르는 서구 학자들은 케인스주의적 개입주의 국가의 역할을 염두에 둔 나머지 국가의 역할을 독립적인 것으로 보고, 그것의 시장 통제성과 개혁성을 긍정적으로 보는 경향이 있다. 그러나 린드블룸Lindblom은 정치의 시장에 대한 규제 가능성에 다소 비판적이고 기업 권력이 민주주의를 위협한다는 점을 강조했다(Charles E. Lindblom.

있었던 국가의 노골적 시장 개입, 과거 개발 독재 시절을 방불케 하는 정경유착, 재벌 편향 정책, 그리고 거슬러 올라가 외환 위기 직후 정부 주도의 각종 사유화와 빅딜 정책[24]이나 지속적인 노동 배제 정책을 제대로 설명할 수 없다. 그보다는 한국에서는 신자유주의적 구조 조정을 위해 국가가 시장에 의존한 것이 아니라 군사 쿠데타 등 '충격 요법'을 썼다고 봐야 할 것이다.[25]

신자유주의의 토착화

어떤 학자들은 자본주의를 사상의 중추로 삼는 구미 선진국들이 개발도상국 등이 속하는 주변부를 종속시키고 수탈하며 발전하고 있다고 말하는 종속이론dependency theory을 비판하기 위해 동아시아의 경제 성장에서 국가의 역할이 얼마나 중요했는가를 강조하곤 했다.[26] 그러나 그

1977. Politics against Market: The World's Political Economic System. New York: Basic Books.).

24 지주형. 2011. 『한국 신자유주의의 기원과 형성』. 책세상. 315쪽.

25 데이비드 하비. 2007. 최병두 옮김. 『신자유주의, 간략한 역사』. 한울엠플러스. ; 나오미 클라인. 김소희 옮김. 2008. 『쇼크 독트린』. 살림 Biz(Naomi Kline. 2007. The Shock Doctrine: The Rise of Disaster Capitalism: The Rise of Diaster Capitalism. Toronto: Knopf Canada).

26 Charmers Johnson. 1982. MITI and the Japanese Miracle: The Growth of Industrial. Stanford University Press. ; Alice H. Amsden. 1990. Asia's Next Giant: South Korea and Late Industrialization. Oxford: Oxford Univ. Press.

들은 일본, 한국, 대만 등 동아시아 국가들이 2차 세계 대전 후 서구 국가와는 달리 시장 논리에 맞서 복지를 확대하지 않았으며, 오히려 반사회주의와 반노동, 저조세, 저복지의 기조를 유지했다는 점에 대해서는 별로 말하지 않았다.

1990년대 초반 이후 신자유주의는 전 세계 모든 나라에 심대한 영향을 주었고, 각국의 경제 발전 역사와 경로의 제약은 결정적이었다.[27] 신자유주의는 거의 지구적인 보편이 되었지만, 각 나라에서는 자본주의 발전의 과거 경로와 결합되어 매우 다양한 양상으로 나타났다. 특히 아시아 국가들은 '발전development'이라는 명분하에 국가를 시장 지향적으로 조정했다.[28] 그중 OECD 회원국인 한국은 GDP 등 경제 규모나 국민소득 지표에서는 거의 발전된 자본주의 단계에 도달해 있지만 재정 규모,[29] 조세

27 Suzanne Berger · Ronald Dore. 1996. National Diversity and Global Capitalism. Ithaca: Cornell University Press.; 진시원. 2003. 한국 발전 국가의 한국형 신자유주의 국가로의 전환: 해외 직접 투자 정책을 중심으로. 『국제지역연구』. 제12권 4호(2003년 겨울호). 75~103쪽.

28 Toby Carroll. 2012. "Introduction: Neo-liberal Development Policy in Asia beyond the Post-Washington Consensus." Journal of Contemporary Asia, Vol. 42, No. 3. pp. 350~358.

29 2019년 기준 대한민국 정부 재정 지출 규모는 GDP의 33.9% 수준으로, OECD 회원국 평균인 40.8%에 비해 크게 낮은 수준이다(OECD, 2021). 국민의힘 '작은 정부' 주장하지만, 정부 고용은 OECD 최하위. 한겨레신문. 2021. 7. 11

부담률이나 국민부담률[30][31]을 보면 전형적인 '작은 정부', '저조세' 국가인 미국 등 앵글로색슨형 자본주의 국가와 비슷하며,[32] GDP 중 사회지출 비중, 노동, 복지 등 사회적 지표에서는 OECD 최하위권에 머물러 있는 게 현실이다.

사회적 타협, 기업 지배 구조, 정치적 대표 체제 등 여러 지표에 기초한 각국 자본주의의 집락 분포를 보면 한국은 홀과 쇼스키스의 자본주의의 다양성varieties of capitalism, 혹은 '비교자본주의론'[33]에서 분류한 '조정시장경제'보다는 미국식 '자유시장경제'에 가깝다.[34] 고용 불안, 임금 불평등의 측면에서 보더라도 한국은 영·미형 자본주의의 하위 유형과 흡사하다. 그리고 OECD 국가 중에서 시

30 강병구. 2016. 한국형 복지국가와 재정개혁 과제. 민주화운동기념사업회. 『한국의 민주주의와 자본주의 - 불화와 공존』. 돌베개.

31 국민부담률은 복지국가의 전제 조건이다. 국민부담률이란 한 해 동안 국민들이 내는 세금(국세+지방세)에 사회보장기여금(국민연금보험료, 건강보험료, 고용보험료 등)을 더한 뒤 이를 그해의 국내총생산(GDP)으로 나눈 값이다. 2019년 기준 한국의 국민부담률은 27.3%로 통계가 확보된 OECD 37개국 평균 33.8%에 비해 6.5% 낮았다(국회예산정책처, 2021).

32 김미경. 2009. 동아시아 국가에서의 조세와 국가의 경제적 역할 - 비교의 시각. 『국제 정치논총』. 제49권 5호. 197~224쪽.

33 알베르Albert, 버거와 도어Berger and Dore, 쇼스키스와 홀Soskice and Hal 등이 자본주의의 다양성 문제를 주로 거론했다. 이들은 금융, 노사관계, 기업의 지배 구조 등 여러 측면에서 자본주의의 다양성을 분석했는데 라인형 자본주의와 앵글로색슨형 자본주의, 혹은 자유시장경제와 조정시장경제 등으로 구분했다. 그러나 과거의 주변부 자본주의 국가, 남유럽 국가, 그리고 한국과 같은 동아시아 후발 자본주의 국가는 이런 유형화에서는 빠져 있다.

34 Peter A. Hall·David Soskice. 2001. Varieties of Capitalism: The Institutional Foundations of Comparative Advantage. Oxford University Press.

장 원리가 가장 강하게 관철되는 국가에 속한다.[35][36] 여러 사회경제 지표를 보면 한국은 스페인, 그리스 등 남유럽 국가와 멕시코, 칠레 등 남미의 후발 자본주의 국가들의 범주에 속해 있다.[37] 그리고 신자유주의적 시장주의와 발전국가 시절 성장의 견인차였던 재벌 체제가 공존하고 있어서, 신자유주의적 후기 발전국가post-developmental state,[38] 발전주의적 신자유주의,[39] 개발 독재 변형형 신자유주의,[40] 초국적 금융 자본과 재벌의 과두 권력이 관료나 법률 엘리트의 매개로 관철되는 '국가 주도형 신자유주

35 신정완. 2006. 한국형 사회적 시장 경제 모델 구상. 유철규 엮음. 『혁신과 통합의 한국경제 모델을 찾아서』. 함께읽는책.; 정이환, 2013.

36 그러나 사회복지학자인 김연명은 "김대중 정부가 추진한 사회 복지 정책은 그 변화의 강도와 내용에 있어서 우리나라의 근대적 사회 복지가 시작된 1960년대 이후 가장 혁신적인 것이다"라고 매우 긍정적으로 평가하기도 했다. 그 근거는 공적연금의 전국적 시행, 통합 의료보험 제도의 도입, '국민기초생활보호법'의 도입 등이다(김연명. 2001. 김대중 정부의 사회 복지정책: 의미와 특징. 〈민주사회정책연구원 1주년 기념 심포지엄〉. 11. 9.).

37 장덕진은 한국은 사회 복지 지출에서는 앵글로색슨에 속하는 국가들과 유사하지만, 신뢰의 수준에서는 남유럽 국가들과 유사한 집락에 속해 있다고 보았다(장덕진. 2015. 유로존 경제위기의 사회적 구성. 서울대학교 사회발전연구소 기획. 『유로존 경제위기의 사회적 기원』. 한울엠플러스.).

38 진시원, 2003.; 박상영. 2015. 발전주의와 신자유주의의 혼재성에 대한 고찰-90년대 이후 한국 발전국가의 변화와 혼종성의 다양성. 『아태연구』. 제22권 4호. 5~40쪽.

39 윤상우. 2009. 외환위기 이후 한국의 발전주의적 신자유주의화: 국가의 성격변화와 정책 대응을 중심으로. 『경제와사회』. 제83호. 40~68쪽.; Chang Kyung-Sup. 2012. "Predicaments of Neoliberalism in the Post-Developmental Liberal State." Chang Kyung-Sup, Ben Fine & Linda Weiss eds. Developmental Politics in Transition: The Neoliberal Era and Beyond. London: Palgrave Macmillan.

40 김동춘. 2011. 냉전, 반공주의 질서와 한국의 전쟁정치-국가폭력의 행사와 법치의 한계. 『경제와사회』. 2011년 봄호.

의',[41] 일본 모델과 미국 모델의 혼합된 형태[42]라는 지적들이 제기되어 왔다.

사적 책임으로 떠넘겨진 사회적 위험

1990년대 이후 본격화된 시장주의, 규제 완화, 사유화 등 신자유주의의 주요 정책들이 사실 1960년대식 발전주의와 동일한 논리 기반을 갖고 있다는 지적들은 이미 있다.[43] 즉 국가/시장, 발전국가/신자유주의를 단절 혹은 대립된 것으로 보면 앞서 제기한 동아시아나 한국 자본주의의 주요 특징을 제대로 설명하기 어렵다.

동아시아를 비롯한 주변부 자본주의에서 국가는 처음부터 시장에 깊이 개입했지만, 서구의 케인스주의 국가와는 달리 자본에 대한 규제인 높은 조세, 노사 타협, 국가 복지 확대를 통한 탈상품화de-commodification를 적극적으로 추진하지 않았다. 일본도 그러했지만,[44] 발전국가의 단계를 거친 동아시아 여러 나라에서 국가는 경제 성장을 주

41 지주형. 2011.『한국신자유주의의 기원과 형성』. 책세상.

42 이병천. 2016.

43 브루스 커밍스 외. 2004. 샘Sam이여 다시 한 번 – 개발이론의 현실과 변명. 한영옥 옮김.『대학과 제국 – 학문과 돈, 권력의 은밀한 거래』. 당대.

44 菊池信輝. 2016. 日本形新自由主義とは何か. 東京: 岩波新書.

도하는 행위자였으며 서유럽 국가들과는 달리 분배나 복지보다는 성장 일변도, 친기업/반노동, 가족 복지 장려 등의 방식으로 '개입'했다. 그리고 한국 정부는 신자유주의 질서가 정착되기 훨씬 이전부터 교육, 주택, 의료 부문은 거의 시장 혹은 가족에게 떠넘겼고, 그 결과 사회적 위험을 사적 책임으로 만들었다.

동아시아의 자본주의가 중서부 유럽, 영·미, 남미 등과 뚜렷하게 구별되는 별도의 유형으로 존재하는지에 대해서 단언하기는 아직 이르고, 한국의 경우가 그런 동아시아 유형의 전형을 보여 주는지에 대해서도 더 많은 논의가 필요하다. 하지만 할리데이Holliday가 강조한 것처럼 복지 체제의 측면에서 볼 때 한국은 앤더슨Esping-Andersen이 구분한 자유주의, 보수주의, 복지주의와 구별되는 경제 성장 우선주의, 시장과 가족 의존 복지의 특징을 갖는 '생산주의productivist'의 특징은 분명하게 갖고 있다.[45]

45 Esping-Andersen. 1998. The three worlds of welfare capitalism. New Jersey: Princeton University Press.; I. Holliday. 2000. "Productivist welfare capitalism: social policy in East Asia." Political Studies. Vol.48. pp.706~723.

떼려야 뗄 수 없는 경제와 정치의 관계

한국의 발전국가화와 신자유주의를 단절적인 것으로 보기 어렵다면, 이는 생산주의가 지속적으로 작동했기 때문일 것이다. 한국의 압축 성장, 수출 위주의 공업화, 미국의 정치·경제적 영향과 성취 지향의 문화, 유교와 가족주의 전통 등은 생산주의와 결합되어 있다. 그리고 그중에서도 동아시아 국가들과 한국이 처했던 '냉전의 보루'로서의 지구정치적 위치를 빼놓을 수 없다.[46]

동아시아 국가들과 한국은 중국·소련과 직접 맞닿은 냉전의 최전선에 위치해 있었으며, 반공주의, 반노동 이데올로기가 '정치 자본political capital'으로 역할을 하면서 경제 성장을 뒷받침했고, 경제 정책의 방향 수립 과정에서 미국의 원조, 군사 지원 등 압도적 영향을 받았다는 특징이 있다.[47] 일본을 포함해 대만, 한국, 싱가포르 등은 모두 냉전 시기 내내, 그리고 지금까지도 일종의 '결손국가',[48] '비정상' 국가의 특징을 갖는다는 점도 주목해야 한다.

---

46 I. Holliday. 2000. "Productivist welfare capitalism: social policy in East Asia." Political Studies, Vol. 48. p. 718.

47 '정치 자본'의 개념은 부르디외가 비물질적인 자본 형태를 열거할 때 언급한 것이다. 부르디외는 여러 자본들의 변환가능성interconcertability을 강조했기 때문에 인적 자본, 경제적 자본, 사회적 자본, 문화적 자본 등은 정치 시장에서 정치 자본으로 변환될 수 있다.

48 임현진. 1998. 『지구시대, 세계의 변화와 한국의 발전』. 서울대학교 출판부.; 백낙청. 2013. 『2013년 체제 만들기』. 창비.

이렇듯 신자유주의의 세계화 국면 이후 한국 등 동아시아 국가들이 경제 사회의 질적인 발전을 이루지 못하고 '전환의 계속'에 빠지게 된[49] 역사적 원인을 살펴보기 위해서라도 한국형 신자유주의 정치·경제의 특징을 면밀히 검토해야 한다. 그것을 위해서는 신자유주의 정책과 이데올로기가 본격화된 1990년대 이전, 특히 1950~1960년대 냉전 초기의 정치·경제 질서와 1970~1980년대 개발 독재 시기의 정치·경제가 이후까지 어떤 제도적 토대를 형성하고 있었으며, 그것이 외환 위기 이후 지구적 신자유주의의 압력 속에서 어떻게 변형·재구조화되었는지 확인할 필요가 있다. 즉, 산업화가 본격화되기 이전인 1970년 초반까지 한국이 처했던 냉전과 미국식 냉전자유주의의 영향을 받아 만들어진 한국 내의 정치·경제 질서가 1980년대 이후 경제 자유화, 민주화 이후의 정치 경제 질서로 어떻게 연결되었는지 살펴보아야 한다. 그리고 1987년 민주화 이후 국가 관료와 재벌 대기업이 민주화 운동과 노동 세력의 도전을 받아 어떻게 오늘의 한국형 신자유주의 질서를 구조화했는지 분석할 필요가 있다.

---

49 임현진, 1998, 259쪽.

2. 냉전과 신자유주의의 만남

　20세기 이후 각 나라의 정치·경제 질서는 자본주의 세계 체제, 지구정치의 틀 속에서 접근해야 한다. 동아시아나 후발 국가의 자본주의와 추격 발전 전략 역시 미국 주도의 전후 세계 자본주의, 냉전 질서의 틀 속에서 이해할 수 있다. 동아시아의 비약적 성장, 상대적으로 평등한 체제,[50] 그리고 수출 지향적 공업화의 전사全史로서 성공적 농지 개혁과 국가의 역할에 강조점을 둔 이론들[51]은 동아시아 각 나라가 미국 주도의 전후 국제 무역 질서 속에 깊이 편입되어 있다고 보았다. 그러나 그 나라들이 냉전 체제에서 미국 헤게모니의 최전선에 처했던 점과 냉전반공주의가 각 나라의 정치·경제나 권력 관계의 기반을 어떻게 형성했는지에 대해서는 주의를 덜 기울였다. 그럼에도 불구하고 일종의 전쟁 준비 체제로서 미국 주도의 냉전

50 Stephan Haggard. 1990. Pathways from the Peripheries: The Politics of Growth in the Newly Industrialized Countries. Uthaca: Cornell University Press.

51 Haggard, 1990. p.125; Amsden, 1990.; Robert Wade. 1990. Governing the Market: Economic Theory and the Role of Government in East Asian Industrialization. New Jersey: Princeton University Press.

체제는 신생국 국가 형성[52]에 결정적 영향을 미친 게 현실
이다.[53]

한국전쟁으로 촉발된 세계적 반공주의

소위 '발전국가론'은 대체로 산업화가 본격화된 1960
년대 이후를 분석 대상으로 삼고 있으며, 1945년에서
1960년대 중반까지, 즉 초기 냉전 시기의 세계 정치·경제
질서에 대해서는 제대로 다루지 않는 경향이 있다. 동아
시아 여러 국가의 자본주의 산업화는 일차적으로는 달러
를 기축으로 하는 세계 경제 질서, IMF와 세계은행 등을
앞세운 전후 자본주의 질서의 산물이다. 하지만 소련과
중국 사회주의에 맞서는 자본주의 기지 확보로서의 중요
성도 갖고 있었다. 전후 서유럽도 그랬지만 이들 각 나라
의 경제 성장에 필요한 자본, 시장, 노동력 동원, 국제 무
역은 미국의 영향력을 통해 진행되었다. 미국은 이들 국
가에 막대한 경제 원조나 차관을 제공했고, 상품 수입과

---

52 Charles Tilly. 1986. "War Making and State Making as Organized
Crime." edited by. Peter Evans, Dietrich Rueschemeyer, Theda
Skocpol. Bringing The State Back In. Cambridge: Cambridge
University Press.

53 Charmers Johnson. 2001. Blowback: The Costs and Consequences
of American Empire. New York: Henry Holt and Company.

각종 관세 특혜를 부여했다.

동아시아에서 한국전쟁은 동아시아 각국의 정치·경제 체제의 구축에 결정적 계기가 되었다. 중국에서 마오쩌둥의 사회주의 세력이 집권하고, 한국전쟁이 발발하는 등 지구적인 냉전이 격화되자 각 나라의 사회주의 정당과 노동 운동은 크게 위축되었다. 미국은 일본을 기지로 해서 동아시아 자본주의 경제를 하나의 틀로 묶는다는 1940년대 말 이래의 지역 통합regional integration[54]을 더 적극적으로 추진하게 되었다. 즉, 냉전과 한국전쟁은 동아시아 각 나라의 국내 정치, 그리고 경제 발전을 위한 동원 전략에 결정적인 영향을 미쳤다. 미국은 반소·반공을 지상 과제로 설정하고 제3세계에서도 이제 국가 계획보다는 시장 주도, 사기업 주도의 경제 발전을 채택할 것을 요구했다.[55] 미국의 원조는 그러한 정책 목표를 압박하는 가장 중요한 수단이었는데, 그것은 소련과 국제 공산주의의 위협, 제3세계에 비등하던 민족주의와 사회주의에 맞서는 반공 프로젝트의 일환이었다.

그런데 원조만으로는 극도의 빈곤 상태에 있던 이들 국

---

54 Herbert P. Bix. 1973. "Regional Integration: Japan and South Korea in America's Asian Policy." Frank Baldwin ed. Without Parallel: The American-Korean Relationship Since 1945. New York: Pantheon Books.

55 Natalia Bracarense. 2012. "Development Theory and the Cold War: The Influence of Politics on Latin American Structuralism." Review of Political Economy, July 2012.

가에서 민족주의와 사회주의의 영향력을 제압하기 쉽지 않다고 본 미국은 1950년대 말 1960년대 초에 '근대화 modernization와 발전' 전략을 고안했다. 제3세계 근대화와 발전 전략의 교과서 역할을 한 로스토우Rostow의 저서 『경제 성장의 제단계The Stages of Economic Growth』의 부제가 '반공산주의 선언Non-communist Manifesto'이라는 점은 미국의 제3세계 전략이 기본적으로는 반공주의를 목표로 추진되었다는 점을 잘 보여 준다.

근대화와 발전주의 전략은 냉전 시기 미국의 후발 국가에 대한 전략을 집약하고 있다. 이것은 사회주의에 맞서 이들 국가를 정치적으로 안정시키고, 미국 자본의 투자처 확보나 시장 확보 등의 미국의 안보·경제 이익에 기여하도록 만들기 위한 전략의 표현이었다. 이러한 미국발 반공주의와 근대화 노선은 각 나라에 국가 주도 성장 정책, 민족주의나 사회주의 세력에 대한 억압과 테러를 수반했다.[56] 그 대표적인 사례가 미국의 베트남 전쟁 개입과 대게릴라 전략, 1973년 칠레의 우익 쿠데타 지원, 브라질·아르헨티나·엘살바도르·니카라과 등 중남미 각 나라의 우익 군사 정권 지원 정책과 경제 개방 강제 정책이었다.

---

56 겐지어, 2004.

쿠데타로 사망하기 1년여 전인 1972년에 노동자와 악수하는 살바도르 아옌데 칠레 대통령(오른쪽) ⓒ브라질국가기록보관소Arquivo Nacional

냉전 질서가 지배하게 된 세계

본격화된 냉전 질서는 미국, 서방과 제3세계 각 나라 안의 우익 세력 헤게모니를 강화한 결정적 계기가 되었다. 냉전 체제는 외부의 적인 소련과 중국을 목표로 삼았지만, 동시에 내부의 적인 사회주의 및 노동 운동 세력과의 일상적 전쟁이기도 했다. 그래서 냉전 체제는 이중적 방식으로 자본주의 경제 사회 질서에 영향을 미쳤다. 독일과 유럽 각국의 사회민주주의도 반공주의를 앞세웠고, 각 나라에서 노동 운동에 대한 자본의 공격은 전면적이었다.

그런데 후발 자본주의 국가의 경우 노동 통제는 매우 억압적이었지만, 사회학자 만Mann이 말한 국가의 하부 구조적 힘,[57] 즉 국가의 시민 사회 침투 능력으로서의 재정 능력과 국가 신뢰는 매우 취약했다. 노조는 산업별로 조직되어 있지 않았고, 노동자의 정치적·계급적 역량이 매우 허약했기 때문에 조합주의corporatism[58] 계급 타협이 불가능했다. 국가는 자본 축적을 규제하기보다는 촉진하는 역할을 했으며, 대기업의 경쟁력 유지를 위해 저조세, 임금 억제 정책을 강행했다.

---

57 Michael Mann. 1988. "The autonomous power of the state: its origins, mechanisms and results." States, War & Capitalism: Studies in Political Sociology. Oxford: Basil Blackwell Ltd.

58 자본주의 제도를 인정하되 노동의 집합적 조직을 통한 노동자의 경제적 향상을 추구하는 사상.

결국 냉전과 반공주의 미국의 영향권에서 성장한 한국에게 한국전쟁과 냉전, 그리고 이후의 북한 및 사회주의 세력과의 준전쟁 상태 지속은 국가의 정치·경제를 구조화한 결정적 계기였다. 따라서 남한이 북한에 비해 군사·경제적으로 열세에 있었던 1948년부터 1970년대 중반까지 북한이라는 적에 대한 방어와 그것을 위한 근대화, 경제 성장과 국민 동원은 가장 중요한 국가 목표였다. 그리고 1987년 민주화 이후에는 조직 노동 세력의 도전이라는 '내부의 적'에 대한 대결이 한국 자본주의의 가장 일차적인 과제가 되었다.

전후 자유주의가 반공자유주의로

국가의 재정 측면에서 '작은 국가', '저조세', '공기업 사유화' 등은 신자유주의만의 기본 특징인가? 현상으로 나타나는 신자유주의의 제반 특징들은 1990년대라는 특정한 역사적 시점에 주로 나타난 것인가? 신자유주의는 단순히 경제 질서만을 의미하는가?

우리는 유럽과 미국 등 서구 자본주의 발전 단계와 경로를 기준으로 모든 자본주의 국가의 역사와 특징을 설명하려는 경향이 있다. 그렇게 보면 동아시아의 발전국가는 예외적 현상으로 간주되고, 1990년대 이후에는 모두 신자유주의적 세계 질서에 편입된 것으로 볼 수 있다. 그런데 한국과 동아시아 자본주의의 과거와 현재를 보면, 나라별 차이는 분명히 있지만 2차 대전 후 세계 체제에서 나름대로의 역사·구조적 특징을 공유하고 있었다는 사실을 발견할 수 있다.

대공황 이후의 모든 자본주의를 국가가 어떤 형태로든 시장에 개입하는 '착근着根된 자유주의embedded liberalism'라 본다면, 그것은 각 나라의 역사·정치적 조건과 결합되어 다양한 양상으로 나타났다. 전후 세계의 미국 주도 '착근된 자유주의'는 '복지국가의 확산', 그리고 국제 무역에서의 자유와 보호주의를 특징으로 한다.[59] 그래서 전후 자본주의 세계 체제와 지구적 냉전 질서에서 각국의 자본주의는 시장 경제를 채택하되 국가 내·외부의 사회주의와 노동 세력에 맞서거나, 이들과의 타협 과정을 거치면서 구조화되있다. 그 결과 서유럽에서는 '국가에 맞서는 시장', 즉 케인스주의 복지국가의 성립을 가져왔다면, 미국에서는 군사적 케인스주의 혹은 영구군비경제체제[60]가 구축되었다. 정리하자면 '착근된 자유주의'는 미국에서는

59 John H. Goldthorpe. 1984. Order and Conflict in Contemporary Capitalism. Oxford: Clarendon Press. pp. 18~20.

60 Seymour Melman. 1974. The Permanent War Economy: American Capitalismin Decline. New York: A Touchstone book.

반공자유주의의 양상으로, 서유럽에는 케인스주의에 기초한 사회민주주의로 나타났다.

냉전이 격화되면서 미국에서 공산주의는 합법적 반대 집단이 아니라 '반역' 집단으로 간주되었기 때문에 공산주의자도 사회의 다른 구성원과 동등한 시민권을 가진다고 주장하는 사람조차도 사실상 공산주의자로 간주되었다. 정치학자 앤서니 아블라스터A. Arblaster는 "냉전 시대에 와서는 비자유주의적이고 억압적이라도 반공주의라면 용서되었다. 언론의 자유, 관용과 다양성은 공산주의자들에게는 적용될 수 없는 원리들이 되었다"[61]라고 보았는데, 이는 반공자유주의의 성격을 잘 집약한다. 그래서 미국은 큰 틀에서는 케인스주의 타협 체제가 유지되기는 했지만, 반사회주의 경향과 노동자 배제가 두드러졌으며 서유럽 복지국가들과는 매우 다른 특징인 소유권 절대주의, 사회 문제의 개인화, 계급 담론의 배제 등의 특징을 지니게 되었다.[62] 그것은 1947년 미국의 트루먼 독트린과 마셜 플랜에서 구체화되었다.

정치학자 데이비드 하비D. Harvy는 제2차 세계 대전 후

---

61 앤서니 아블라스터. 조기제 옮김. 2007. 『서구 자유주의의 융성과 쇠퇴』. 나남(Arblaster Anthony. 1984. The Rise and Decline of Western Liberalism. Blackwell Publishers).

62 Joel Kovel. 1994. Red Hunting in the Promised Land: Anticommunismand the Making of America. New York: Basic Books. p.243.

'나쁜 자유'가 '좋은 자유'를 대체했다고 지적했다.[63] 즉, 양심의 자유, 언론의 자유, 집회·결사의 자유, 직업 선택의 자유, 시장 경제 활성화의 자유 등 좋은 자유는 사적 소유권의 행사, 사기업 활동 옹호 등 나쁜 자유의 공격을 받았다고 보았다. 이처럼 미국발 반공주의는 시장 경제, 경제적 자유, 재산권을 옹호하나 정치적으로는 매카시즘적 통제를 앞세운 반공자유주의였다. 그리고 반공자유주의는 동아시아나 남미 주변부 국가에서는 사실상 우익의 학살과 테러, 군사 독재를 정당화한 큰 우산이기도 했다.

반공자유주의와 신자유주의의 만남

신자유주의는 좁게는 대처Thatcher와 레이건Reagan이 추진한 시장에 대한 국가의 규제를 극소화하고, 소비자의 선택권을 중시하며, 공공 부문을 사유화하고, 노동 시장의 탄력성을 극대화하는 일련의 경제 사회 정책 묶음을 지칭한다. 뒤메닐과 레비Gérard Duménil et Dominique Lévy는 신자유주의를 1970년대의 구조적 위기에서 출현한 새로운 국면의 자본주의이며 '계급 권력의 형세'라고 보았

---

63 하비, 2007. 57쪽.

다.[64] 하비는 신자유주의를 '상위 계급의 권력 회복' 프로젝트라 보면서 1973년 칠레와 이라크를 대표적인 예로 든다.[65] 그와 관련하여 나오미 클라인Naomi Klein이 말하는 것처럼 신자유주의로의 전환을 가져온 '쇼크 독트린'[66]은 미국과 영국에 앞서 이미 남미 등 제3세계의 반공주의 독재국가들에서 폭력적인 방식으로 실행되었다.[67]

신자유주의를 시장과 사회가 분리된 것으로 전제하고 자유시장 경제를 극단화하는 시장근본주의, 반사회주의, 반복지, 그리고 개인책임제를 기조로 하는 이론과 정책을 통칭한다고 본다면,[68] 신자유주의는 분명 1980년대까지의 '착근된 자본주의', 생산 체계에서의 포드주의, 그리고 계급 타협의 원칙에서 벗어난 지구화, 정보화, 소비사회, 탈산업화시대의 정치·경제 질서를 지칭한다. 그러나 신자유주의는 사적 소유권과 사기업 주도 경제를 가장 적극적으로 옹호한다는 점, 국가 내·외부의 반시장(조직 노동과

---

64 뒤메닐, 제라르& 도미니크, 레비. 2014. 김덕민 옮김. 『신자유주의의 위기』. 후마니타스. 35쪽.

65 하비, 2007. 22~24쪽.

66 전쟁, 테러, 자연재해, 주식시장 붕괴 같은 총체적인 대규모 충격을 받으면 대중은 방향 감각을 잃어버리게 되는데, 정부가 그 틈을 이용해 대중이 정상적인 상황에서는 받아들이기 어려운 전면적인 자유시장 프로그램을 강행하는 것을 말한다.

67 클라인, 2008.

68 유럽에서 케인스주의 복지국가가 본격적으로 착근하는 1950, 1960년대에 케인스주의와 자유방임주의를 함께 비판한 서독의 질서자유주의Ordo Liberalismus도 일종의 '신자유주의'였다(Alan Peacock · Hans Willgerodt. 1989. German Neo-liberals and the Social Market Economy. Hongkong: Macmillan Press LTD.).

사회주의) 세력을 '적'으로 규정한다는 점에서 과거의 반
공자유주의와 상당한 공통 기반을 갖고 있다. 또한 양자
모두 미국의 전후 정치·경제 체제를 모델로 한다는 점에
서도 공통된다.

  동아시아의 발전국가나 유럽의 복지국가는 역사적으로
는 이 양자 사이에 나타났지만, 미국 영향권의 동아시아
국가들, 특히 발전국가는 미국식 반공자유주의의 우산 아
래 있었으며,[69] 민주주의의 마지노선을 지켰던 미국에서
보다 훨씬 더 폭력적이고 억압적인 양상을 보여 주었다.
유럽 복지국가를 설명해 주는 정치의 시장 개입, 계급 정
치의 제도화론이나[70] 미국식 이익 정치를 설명해 주는 다
원주의 이론들은[71] 산업 노동자, 노동조합이나 정당 정치
가 제대로 형성되지 않았을 뿐더러 조직 노조의 힘의 행
사나 계급 갈등이 거의 성립할 수 없었던 동아시아의 '결
손국가'들에는 적용하기 어렵다. 발전국가는 사회 복지에
거의 무관심했다는 점에서 '자유주의'와 가까웠으며,[72] 생

---

69 물론 쑨원孫文의 삼민주의의 사상적 영향하에 있었던 대만이나 국유화를 강
조한 싱가포르가 모두 미국식 자유 시장주의를 받아들였다고 보기는 어렵다.

70 Esping-Andersen, 1985. ; Charles E. Lindblom. 1977. Politics
against Market: The World's Political Economic System. New York:
Basic Books.

71 정치 과정에서 중요한 단위는 이익 집단이며 정치 현상을 이익 추구 활동의
주체인 상이한 집단들이 쟁점에 따라 자유롭게 이합집산을 거듭하며 상호작용하
는 유동적 과정으로 보는 관점이다.

72 Chang, 2012.

산성을 최고의 가치에 둠으로써 사회 복지를 희생했다.[73]

냉전은 어떻게 자본주의를 바꿨는가

반공자유주의, 발전국가, 신자유주의는 모두 정치적 지배 질서를 포함한 자본주의적인 권력 관계를 표현해 준다. 그래서 신자유주의도 자본주의의 한 국면이자 양상이지만, 그것은 단순한 '경제' 질서가 아니라 하나의 '권력 관계'이자 사회 질서라고 볼 수 있다. 마르크스, 베블런 Veblen, 그리고 비클러와 닛잔도 자본을 단순한 물적인 생산 요소가 아닌 권력 관계로 보았고,[74] 넓게는 정치·사회적 지배의 한 형태로 보았다. 그리고 반공자유주의나 신자유주의 이론과 정책은 '경제적 자유'는 적극적으로 옹호했지만,[75] '정치적 억압'을 비판하지는 않았다.

따라서 반공자유주의와 신자유주의는 20세기 중반 이후 세계 자본주의의 구조적 위기, 사회주의 영향력 확대 이후 양차 대전, 그리고 냉전 시절의 체제 대결을 전제로 이해할 수 있다. 냉전도 새로운 형태의 전쟁이기에 그것

---

73 Holliday, 2000.

74 Thorstein Veblen, 1923, Absentee Ownership and Business Enterprise in Recent Times, B. W. Huebsch, Inc. ; 심숀, 비클러 & 조나단, 닛잔, 2004, 홍기빈 옮김, 『권력자본론』, 삼인.

75 아블라스터, 2007.

이 전후 자본주의 경제 질서와 결합되었다고 본다면, 우리는 국가, 더 정확히 말해 이러한 전쟁이 어떻게 전후 자본주의 질서를 구조화했는지에 대해 관심을 갖지 않을 수 없다. 그런데 근대 자유주의, 마르크스주의 사회과학은 전쟁이 근대화, 국가, 자본주의 질서의 형성에 어떤 영향을 주었는지에 대해 별로 주목하지 않았다.[76] 그러나 전면 전쟁, 저강도 전쟁, 혹은 준전쟁 등 '비상사태'는 해당 국가 내의 정치 질서뿐만 아니라 자본주의 질서에도 결정적인 영향을 미쳤다.

국가나 사회가 정당 형성, 정치 이데올로기, 정치 엘리트의 등장과 구성, 선거를 비롯한 정치적 경쟁의 틀과 성격을 규정한다면, 그 국가는 국내의 각 정치 주체들의 정치의 장 진입 여부를 허용할지 말지 결정할 수 있으며, 동원할 수 있는 정치 자본의 형성 및 배분자이기도 하다. 국가는 시장 형성자이기도 하고, 대기업에게 매우 유리하게 작용하는 법과 규칙의 제정자이기도 하므로, 정치 자본은 곧 경제적 자본의 형성에 결정적인 영향을 미친다.

결국 자본주의 세계 체제의 위기와 공산주의의 도전 속에서 형성된 전후의 반공 체제, 일종의 정치 자본으로서

---

76 Emil Lederer. 2006. "On the Sociology of World War." European Journal of sociology. Vol. 47, No. 2. pp. 241~268.; Mann, 1988; Hans Joas. 1999. "The Mordenity of War: Modernization Theory and the Problem of Violence." International Sociology. Vol. 14, No. 4. pp. 457~472.

의 1950년대 반공자유주의는 후발국에 근대화, 발전국가, 생산주의를 강요·지원하는 논리가 되어 반독재 민주화 이후의 경제 사회의 질서에까지 지속적인 영향을 미쳤다고 볼 수 있다. 이를 토대로 우리는 국가/시장의 이분법, 발전국가/신자유주의 국가의 이분법을 넘어서 한국형 신자유주의의 기원을 추적할 수 있을 것이다.

3. 반공자유주의와 '시장 경제'의 요구

1945년 8·15 직후 38선 이남 지역에서는 세계적 냉전 대결에 앞서 좌·우 간 대립이 격화되었다. 이후 격심한 정치 갈등을 거쳐 1948년 8월 15일에 수립된 분단된 대한민국 정부는 이러한 냉전 체제의 산물이었기 때문에 처음부터 끝까지 미국의 손길을 거쳤으며 미국 원조에 의해 지탱되는 국가였다. 그러나 미국의 반공주의와 자유주의 기조가 신생 한국 정부에 아무리 강력한 영향을 미쳤다고 하더라도, 일제 식민지에서 막 독립한 한국에서는 미국식 자유주의보다는 민족적 유대나 평등을 중시하는 민족사회주의 노선이 여전히 정서적 공감을 얻었다. 그것이 대한민국의 '제헌헌법'에 나타나 있었다.

민족 공동체를 꿈꿨던 제헌헌법

1948년 제정된 제헌헌법 제84조는 "대한민국의 경제 질서는 모든 국민에게 생활의 기본적 수요를 충족할 수 있게 하는 사회정의의 실현과 균형 있는 국민경제의 발전을 기함을 기본으로 삼는다"라고 하면서도 제85조는 "광물 기타 중요한 지하자원, 수력과 경제상 이용할 수 있는 자연력을 국유로 한다"라고 했고 제87조에서는 "중요한 운수, 통신, 금융, 보험, 전기, 수리, 수도, 가스 및 공공성을 가진 기업은 국영 또는 공영으로 한다"라고 해 '자유시장' 질서를 기본으로 하면서도 시장에 대한 국가의 규제에 대해서도 명시했다. 이 조항들은 국가가 시장 질서에 개입하지 않는다는 19세기 자유방임주의가 아닌 20세기 초 독일 바이마르 헌법, 대한민국 임시정부의 건국 강령 등에서 강조한 국가 개입주의와 사회정의의 가치를 반영한 것이다.[77] 또한 일본이 남기고 간 '적산敵産', 즉 귀속 업체가 국가의 가장 중요한 자산이었으며 시장 경제가 제대로 작동할 수 없었던 당시의 경제적 조건을 반영했다. 특히 당시 적산 혹은 귀속 업체는 일본이 한국인의 자산을 수탈해서 만들어진 것이므로 '귀속 재산처리법' 제6조에 의해 "국영 또는 공영으로 한다"라고 명시한 것도 그런 이유였다.

 탈식민 민족주의의 경향이 지배적이었고 과거 일제 식민지 지배 체제의 협력자들인 친일 지주나 기업가들의 부

---

77 신용옥. 2006. 대한민국 헌법상 경제질서의 기원과 전개(1945-1954). 고려대학교 대학원 사학과 박사학위논문.

도덕한 과거가 너무 뚜렷했으며 국가가 경제 활동에 개입해야 한다는 생각이 훨씬 큰 공감을 얻는 분위기였기 때문에 제헌헌법에는 '이익 균점', '토지의 공적인 이용' 등과 같은 조항이 포함될 수 있었다. 공산주의가 불법화되었다고 해도 시장 경제나 사기업 활동이 제대로 이루어질 수 없었던 당시로서는 자연스러운 일이었다. 그래서 이승만도 노동자와 농민의 이익을 옹호한다고 주장하기까지 했다.[78]

민족주의를 배척한 미군정의 자본주의 경제 질서

그런데 1945년 8·15 직후 진주한 미군정은 민족주의 세력을 좌익으로 인식했다.[79] 미군정은 처음부터 조선인들의 탈식민주의 요구를 무시하고 반공주의 정책을 밀고 나갔다.

당시 일제가 남기고 간 귀속 재산은 한국 경제에서 압도적인 부분을 차지했다. 국가 예산의 세출이 351억 원이었

---

78 이승만은 공산주의에 대항하기 위해 노동자와 농민을 위한다고 주장할 필요가 있었으나 그것은 매우 기만적이었다. 실제로는 노동3권 보장도 제대로 하지 않았고, 사장의 무단해고에 의해 발생한 조선방직 쟁의에는 매우 억압적이었으며, 관공서의 농민 억압과 수탈도 극심했기 때문이다(서중석. 2005. 『이승만의 정치이데올로기』. 역사비평사. 159쪽).

79 미하원국제관계위원회 국제기구소위원회. 2014(1978). 『프레이저 보고서 – 악당들의 시대』. 다비출판사. 42쪽.

던 반면 귀속 재산의 규모는 3,053억 원으로 세출의 약 9배에 달했을 정도였다.[80] 1946년부터 미군정은 내부의 노동자 자주 관리를 위해서, 그리고 38선 이북 지역에서 진행되는 무상 몰수 국유화 정책에 맞서서 귀속 재산을 전부 접수하고 그것을 미군정 사령관의 책임하에 민간 관리인을 임명하고, 임대·매각할 수 있도록 했다. 미군정은 귀속 재산의 사적인 불하와 민간 자본 육성을 서둘렀으며, 정부 수립 이후에도 한국 정부에 영향력을 행사해서 민간 자본, 즉 부르주아 계급을 육성해 한국에서 사회주의의 여지를 확실하게 물리치고 친미 정권을 수립하려 했다.[81] 사적 소유권 원리에 기초한 자본주의 경제 질서의 수립을 지향하는 점에서 미군정의 경제 정책은 일관됐기 때문에, 앞서 언급한 1948년 제헌헌법의 경제 조항들은 미군정의 경제 정책, 특히 귀속 재산의 사기업 불하 정책과 충돌했다. 따라서 미국의 반공주의와 자유주의는 한국의 민족주의와 평등주의를 걸림돌로 볼 수밖에 없었다.

한국이나 일본 등 점령지의 국가 건설 작업에 적용된 미국의 반공주의, 즉 냉전자유주의는 양가적 성격을 갖고 있었다. 외부의 국제 공산주의나 소련, 그리고 내부의 공

---

80 김기원. 1990. 『미군정기의 경제구조 – 귀속기업체의 처리와 노동자 자주관리 운동을 중심으로』. 푸른산. 38쪽.

81 국민당이 일제 식민지가 남긴 귀속 재산을 접수했던 대만에서는 귀속 재산이 일단 국가 자본으로 접수되었고, 이후 민간에게 불하되었다(김기원, 1990. 43쪽. 176쪽.).

산주의 세력이 농민과 노동자에게 호소력을 미치지 않도록 반봉건 민주주의 개혁 조치와 사적 소유 보장을 분명히 했지만, 정치적 필요 때문에 구 파시즘, 관료 혹은 극우 정치 세력과도 손을 잡았다. 그래서 맥아더 사령부는 일본에서 천황제를 유지했으며 태평양 전쟁의 전범 세력을 부활시켰다. 그 지휘하에 있었던 남한의 미군정은 일제 귀속 업체의 불하, 농지 개혁을 통해 전근대 혹은 일제 식민지 반봉건 체제를 청산하려 했다. 그러나 동시에 친일 세력과 친일 경찰을 적극적으로 기용하고 사적 소유 제도 보장을 통해 반공주의의 기반을 확고히 하려 했다. 그를 위해 미군정은 남한에서 아직 정부 수립이 되지 않았던 1946년에 일제 군국주의 파시즘의 기둥이었던 경찰을 '국립경찰'의 이름으로 서둘러 결성하고 일제의 사찰 경찰 요원들을 다시 발탁했다. 그리고 정부 수립 전후 조선상공회의소나 대한방직협회 등 기업가 집단은 이승만을 지원하는 한편 1930년대에 탄생하여 일제에 맞선 노동 운동의 주류였던 적색노조 궤멸에 적극적인 지원을 아끼지 않았다.[82] 이는 미군정의 반공·반소·친자본 정책의 후광 아래에서 가능했다. 그중에서도 귀속 재산의 사기업 불하는 이후의 한국 자본주의, 반공주의 체제의 핵심적 정책이었다.

---

82 박병윤. 1982. 『재벌과 정치 – 한국 재벌성장 이면사』. 한국양서. 117쪽.

반공에 제압된 자유주의

미군정의 냉전자유주의 기조와 한국 '제헌헌법'의 민족 사회주의적인 경제 조항들 간의 충돌은 한국전쟁을 거치면서 더 심각하게 드러났다. 한국전쟁 전후 미국식 '자유주의'의 이상은 국내외의 공산주의에 맞서 노동 운동 일반을 억압하는 반공주의 노선에 압도되었고, 이내 그것과 결합했다. 이 점은 미군정기에 시작했던 귀속 재산 불하 정책과 한국 자본주의의 토대 형성에 가장 결정적 고리였던 농지 개혁에서 더 분명하게 드러났다.

이승만 정부의 농지 개혁은 일제 시기 이래 봉건적 소작제 폐지와 경자유전耕者有田의 농민적 열망과 요구를 수용한 것이었다. 하지만 동시에 북한 사회주의에 대한 방어책으로써 남한 좌파의 제거와 이승만의 정적인 한민당의 물적 기반 와해 등을 노리는 취지도 갖고 있었다.[83]

한국에서 토지 소유권의 관념과 제도는 이미 조선 시대부터 확립되어 있었다. 일제 또한 강제 병합 이후 경제적 착취의 필요 때문에 한국의 소작 제도를 용인했기에, 농촌에서의 소작 제도는 도시에서의 시장 경제, 화폐 경제와 모순적으로 공존했다. 그래서 해방이 되자 일제 지배

83 조석곤. 2003. 농지 개혁과 한국 자본주의. 유철규 엮음. 『한국자본주의 발전 모델의 역사와 위기: 산업화 이념의 재고찰과 대안의 모색(I)』. 함께읽는책. 293쪽.

질서의 한 기둥이었던 소작 제도와 지주 세력을 철폐하라는 요구가 가장 강하게 제기될 수밖에 없었다.

　미국은 반혁명·반공 체제를 유지하기 위해선 농지 개혁이 얼마나 중요한지 충분히 알고 있었기 때문에 이승만 정부를 압박했다. 그러나 지주 세력과 그들을 대변하던 한민당의 저항으로 농지 개혁은 제대로 진행되지 못했다. 그리고 1949년에 드디어 '농지개혁법'이 발효되기 이전에 상당수의 지주들은 이미 토지를 방매했기 때문에, 농지 개혁의 효과는 반감되었다. 그나마 북한의 6·25 침략과 점령은 지지부진하던 농지 개혁을 전격 추진하는 계기가 되었다. 이는 한편에서는 '시장' 경제를 지향한 미국의 압력도 있었지만 북한 점령지에서 이뤄진 사회주의적인 농지 개혁의 압박 때문이기도 했다. 결국 한국의 급속하고 전면적인 농지 개혁은 남북한의 분단, 그리고 한국전쟁의 좌우 대립과 미국의 압력이라는 변수를 빼고서는 설명하기 어렵다.[84]

---

84 정병준. 2003. 한국 농지 개혁 재검토-완료시점·추진동력·성격. 『역사비평』. 2003년 11월호. 117~157쪽.

끝이 없는 공산주의식 "성출"

이것이 바로— 농민을 위한다는 공산당들이다

Lithographed as a training mission of the 3rd Repro Co., 1st RB&L Bn. Ft. Bragg, N.C.
3-167-8/55

한국전쟁 발발 후 유엔군에서 살포한 전단 ⓒ서울역사박물관

반공주의 체제 안정화를 위한 농지 개혁

한국의 농지 개혁은 지주들의 토지를 소작인들에게 나누어 줌으로써, 지주를 산업 자본가로 변화시키고 소작인들을 자영농민으로 만들려는 '자유주의' 구상에서 출발했다. 하지만 실제 토지의 공익성은 물론 자본주의 산업화의 필요도 뒤로 제쳐두고, 대신 북한과 내부 공산주의 잔존 세력에 대한 방어로서 사유 재산권 보장을 통한 소작 농민 포섭에 중점을 두게 되었다. 경제학자 주종환도 한국 농지 개혁의 기본 성격은 빈농 소작농에게 농지소유권을 배타적으로 부여해 공산주의를 막는 데 있었다고 보았다. 그는 "한국의 농지 개혁은 빈소농가가 공산주의에 동조하지 않도록 하는 정치적 목적에만 급급했기 때문에 농민의 보수 세력화에는 성공했지만, 진정한 의미의 농업 근대화와 농민 해방으로의 전망은 갖지 못했다"고 진단했다.[85]

물론 남미 여러 나라에서 지주 세력과 대토지 소유가 잔존해 이후 경제 성장을 가로막은 사실과 비교해 보면 한국에서 성공적 농지 개혁, 즉 지주 세력의 청산이 급격히 이루어진 것은 매우 이례적이다. 농지 개혁으로 지주 세

85 주종환. 1995. 일제 조선 토지 조사 사업에 대한 식민지 근대화론 비판. 『역사비평』 47호. 225쪽.

력이 소멸되고 모든 농민은 자영농, 프티부르주아가 되어 계층 상승의 기대를 안게 된 것은 매우 긍정적이었다. 그러나 그것은 전쟁 위기 속에서 반공주의 체제의 안정화가 시급했기 때문이다. 농민의 이익은 사실 부차적이었다.

헌법 개정을 통한 대대적 사유화 조치

귀속 재산 분배, 농지 개혁과 더불어 한국 경제를 반공 자유주의의 틀로 주조한 가장 큰 계기는 1954년 '헌법' 개정 중 경제 관련 조항의 변형과 대대적인 '사유화' 조치였다. 휴전 이후인 1954년 헌법 개정 전후 정치권에서는 이 논쟁이 점화되었다. 1954년 1월 국회에서 국무총리 백두진은 제헌헌법이 사회민주주의 요소를 채택하고 있다고 비판하면서 사유와 자유를 자유민주사회의 경제 원리로 규정하고 이런 방향으로 헌법을 개정해야 한다고 역설했다. 박세경 의원도 "한국전쟁으로 말미암아 공산주의에 대항하기 위해서는… 사소한 분배 공평보다는 생산 증강에 주력해야 한다"[86]라고 강조했다. 이 시점에 미국은 한국의 헌법이 국가사회주의적인 성격을 갖고 있다고 전제하고, 사적 소유 및 자유 기업의 정신을 심으려는 의지

86 신용옥, 2006, 313쪽.

를 명확히 하면서 한국 정부에 시장 친화적 경제 체제를 채택하라고 요구했다.[87]

이승만 정부는 제헌헌법의 국가사회주의적인 요소를 제거한 다음부터 은행, 국영 기업의 사유화를 본격적으로 추진했다.[88] 그래서 1954년 헌법 개정 이후 경제 기조가 바뀌었다. 국회부의장을 역임한 조봉암은 "우익 보수 세력의 일부 대변자들은 경제의 혼란과 국유 기업의 실패를 주장하면서 전 국유 업체의 '민유화', 모든 귀속 재산의 전면적인 불하를 맹렬히 주장·요구한다. 그들의 주장에 의하면 대국영기업체는 이를 분할(?)해 여러 사람들에게 불하되어야 한다고 한다"[89]라고 비판했는데, 그것은 기업가들의 공기업 사유화 요구를 주로 지칭한 것이었다. 결국 1950년대 중반 이후 미국의 압력과 한국의 기업가들이 주도한 반공자유주의는 경제 운영에서의 국가 개입 반대, 혹은 '자유 기업'과 '자율화'를 명분으로 한 국유 재산의 사유화를 촉구하고 정당화하는 이데올로기였다.

이처럼 한국전쟁 후 한국 자본주의는 미국 주도의 냉전 자유주의, 즉 제3세계에서 민족주의와 사회주의의 영향력을 차단하고, 그에 맞서 '시장' 자본주의를 '방어적으로'

87 박명림. 2008. 헌법, 국가의제, 그리고 대통령 리더십 – '건국 헌법'과 '전후 헌법'의 경제조항 비교를 중심으로. 『국제 정치논총』. 제48권 1호. 443쪽.

88 박병윤. 1982. 143쪽.

89 정태영. 2006. 『조봉암과 진보당 – 한 민주사회주의자의 삶과 투쟁』. 후마니타스.

구축하려는 전략의 귀결이었다. 또한 국가와 가족을 매개하는 모든 사회 조직이 해체되고, 원자화된 개인과 가족 위에 국가가 군림했다. 해방 후 등장했던 사회주의 노동조합이나 정당은 거세되었으며 노동자 집단은 정치적으로 세력화될 수 없었을 뿐더러 지역 사회나 기업 내에서 어떤 자생적 사회 조직도 허용되지 않았다. 이로써 한국의 국가, 법, 제도에는 냉전자유주의 원칙이 각인되었다.

한국전쟁으로 좌익이 거세되자 '반공 경력'은 강력한 '정치 자본'이 되었다. 그리고 1945년 8월 15일 이후 38선 이북 지역을 점령한 소련의 후원으로 이뤄진 사회주의 개혁, 특히 소련군이 사유 재산을 강탈한다는 소문, 한국전쟁 중 3개월 동안 북한이 잠시 점령했던 서울에서의 북한 공산 통치의 공포는 1950년대 이후 한국의 자본주의 질서, 특히 사기업에 대한 정부의 특혜적 지원과 재벌 체제 형성, 노동 배제로 일관한 경제 질서에 크게 영향을 미쳤다.[90] 그래서 한국전쟁 직후의 한국에서는 1955년 반둥회의[91] 이후 비동맹권에 속했던 국가들이 추진했던 이른

---

90 1917년 볼셰비키 혁명 후 미국이 패닉 상태에 빠진 이유는 공산주의자들이 사유 재산은 물론 여성까지 국유화한다는 소식 때문이었다(Kovel, 1994, p.17; Thorstein Veblen, 1994, "Bolshevism as a Menace to Whom," Essays in Our Changing Order: Collected Works of Thorstein Veblen, London: Routledge/Thoemmeus Press.).

91 1955년 4월 18일부터 4월 24일까지 아시아와 아프리카의 29개 독립국 대표들이 인도네시아의 반둥에 모여 현안을 논의한 국제회의로 식민주의와 냉전 논리를 거부하는 비동맹 개념이 부상하게 된 계기가 되었다.

바 '민족민주 노선'을 택할 여지가 완전히 사라졌다. 이승만 정권에 적극 협력하고 농지 개혁을 주도했으나 북한과 내통하고 사회민주주의 지향의 진보당을 창당했다며 사형까지 당한 조봉암의 운명이 그것을 웅변적으로 보여 주었다.

이처럼 한국전쟁과 이후 미국 주도의 냉전 질서는 미국에는 군사 케인스주의, 영구군비경제체제를 정착시켰고, 서유럽에는 소련에 맞서는 방어적 복지국가를 만들어 냈다. 그리고 미국의 직접 영향권하의 냉전 전선인 한국 등 동아시아 국가에서는 반공자유주의가 '폭력'을 앞세워 '자유'를 강요하기 시작했다.

냉전을 위한 발전국가의 형성

1950년대 후반 이후 신생 독립국에 대한 미국의 정책은 변하기 시작했다. 자국의 재정 부담을 해소하고 사회주의권 국가들의 급속한 발전에 맞서서 이들 '자유 진영' 국가들이 자립적으로 성장할 수 있도록 할 필요성을 느꼈기 때문이다. 1959년 쿠바 혁명은 후발 국가에서 사회주의의 호소력을 차단할 필요성을 더욱 강화했다. 대표적으로 미국의 케네디 정부가 추진한 진보를 위한 동맹Alliance for Progress은 미국 주도하에 중남미 경제를 발전시켜 사회주의 혁명의 가능성을 차단하기 위해서였다. 한편 1945년 이후 미국은 전범국가 일본에게 면죄부를 주고서 '지역 통합'의 기치 아래 새로운 파트너로 육성했으며, 한국을 미국의 안보 우산, 핵우산에 편입시키고 막대한 경제·군사 원조를 제공했다. 일본에게는 안보 부담을 완화시키되, 한국을 일본 주도의 동아시아 국제 분업 체계에 편입시킨 다음 경제가 성장할 수 있는 환경을 조성하려 했다. 이승만 정부 부흥부復興部의 경제 개발 계획도 이러한 배경에서 시작된 것이다. 4·19혁명 후 이승만이 제거되고 민주당 정부가 들어서자 미국은 한일관계를 정상화해 한국을 일본 주도의 동아시아 경제에 통합시키기 위해 압력을 행사하기도 했다.

1960, 1970년대 동아시아와 남미의 공업화는 빈곤 탈피와 근대화를 향한 자국 대중의 열망을 반영했지만, 외적으로는 미국의 냉전 정책 수행을 위한 사회주의 방어벽 설치의 일환으로 진행된 것이다. 이때 '발전'이라는 개념은 모두 미국, UN 등의 제3세계 냉전 정책, 구식민주의 붕괴 이후 GATTGeneral Agreement on Tariffs and Trade, IMF를 앞세운 미국의 세계 자본주의 재편 전략이었다.[92] 즉,

----

92 Arturo Escobar. 1995. The Making and Unmaking of the Third World. Princeton and Oxford: Princeton University Press.; Bracarense, 2012; 임현진, 1998. 168~169쪽.

미국발 냉전자유주의와 1960년대 이후 동아시아 발전주의developmentalism는 깊이 연관되어 있고, 강한 이데올로기적 함의를 품고 있었다. 그 과정에서 근대화와 발전주의는 국가와 자본을 독특한 방식으로 결합시켰다. 그것은 1950년대의 원조 의존 상태에서 민간 기업이 주도하는 경제 성장 전략으로의 전환을 의미했다.

반공 국가 건설, 부패와 손잡다

반공 개념으로 동아시아권에 가장 영향을 많이 미친 사람은 앞서 언급한 로스토우였는데, 그는 여러 번 한국과 베트남 등을 방문해서 단순히 경제뿐만 아니라 정치·사회 일반 문제에까지 매우 깊숙이 개입했다.[93] 그의 '근대화론'과 경제 성장 전략은 동아시아 신흥국을 경제적으로 발전시켜 이 지역에서 공산주의의 침투를 막는 것이었다.

박정희의 5·16 군사 쿠데타는 "반공을 국시의 제1의로 삼는다"라고 함으로써 미국의 냉전 정책에 호응한다는 신호를 보냈고, '말로만의 반공주의'를 탈피한다고 함으로써 '탈빈곤', '근대화'의 시동을 걸던 미국의 새로운 냉전

---

93 박태균. 2004. 로스토우의 제3세계 근대화론과 한국 .『역사비평』 2004년 2월호. 136 ~ 166쪽.

정책에 호응했다. 군사 쿠데타 직후 애매한 입장을 취했던 미국이 곧 군사 정권을 지지한 것도 이들 군부 세력이 반공·친미 노선을 명확히 했기 때문이다. 이때 미국은 "혁명정부는 공산주의자 제거 프로그램에 박차를 가하고 있다"라고 평가했다.[94] 이후 군사 정권은 내자 동원을 통한 자립 경제와 균형 성장 노선을 검토했으나 미국 경제자문단의 반대에 부딪쳐 노선을 수정했다.[95][96] 군사 쿠데타 이후 IMF는 각종 보호 정책의 시정 등 시장 자유화를 강력하게 권고했으며,[97] 미국 경제자문단은 진보적 성향의 경제학자였던 박희범 등의 자문을 받던 군사 정권이 민족주의 노선을 취할 가능성을 차단했다. 이후 박정희 군사 정권은 부정 축재자 처리를 유야무야하고 재벌 기업을 경제개발의 파트너로 삼아 수출 주도형 성장 노선을 택했다.

군부 쿠데타 세력이 '반공주의 국가' 건설을 위해 부패한 기업인들과 손을 잡은 것은 이후 한국의 자본주의 질서를 틀 지운 가장 중요한 결정이었다. 이것은 베블런이 말한 자본의 '사보타주sabotage 능력', '적색 위협'이 처음

94 차상철. 2004. 『한미동맹 50년』. 생각의 나무. 104쪽.

95 박태균. 2004. 158쪽.

96 정치학자 이완범은 이러한 경제 정책의 변화가 반드시 미국의 압력 때문이라 볼 수는 없으며 쿠데타 정권 초기의 낮은 성장률 등 내부의 요인이 크게 작용했다고 말한다. 미국이 애초부터 내포적 성장론을 반대하고 수출 지향적인 공업화를 강요한 것은 아니었다고 보는 관점이다(이완범. 1999. 경제개발 5개년 계획의 입안과 미국의 역할. 한국정신문화연구원 엮음. 『1960년대의 정치사회변동』. 백산서당.).

97 김정렴. 1991. 김정렴 회고록. 『한국 경제정책 30년사』. 중앙일보사. 110쪽.

으로 발휘된 중요한 사건이기도 했다.[98] 베블런이 말하는 사보타주 능력이란 '기업들이 가격을 유지하고 이윤을 극대화하기 위해 생산을 의도적으로 통제하는 것'을 의미한다. 5·16 직후 한국의 경우는 기업들이 빈곤 상태인 일반 국민을 볼모로 해 기업의 지원을 절실히 필요로 하는 군부를 상대로 사보타주했다고 볼 수 있다.

비판을 공산주의라며 공격한 기업가 집단

1950년대에 맹아적으로 형성된 재벌 기업은 공업화를 위해 가장 중요한 경제 주체였다. 이들 한국의 기업가들은 4·19혁명 직후 부정 축재자 처벌에 대한 여론이 비등하자 1961년 1월 10일 한국경제협의회를 창립했고, 첫 사업으로 '부정축재자처리법'에 공동 대응했다. 이들은 부정 축재의 처리는 북한 '괴뢰'에 이익을 주는 것이라고 주장했다.[99] 그래서 1961년 2월 9일 민의원에서 부정축재자처리법이 통과되어 참의원에 상정되자 그들은 다음과 같은 공격을 퍼부었다.

98 Veblen, 1923.

99 공제욱. 2000. 한국전쟁과 재벌의 형성. 경상대학교 사회과학연구소. 『한국전쟁과 한국자본주의』. 한울엠플러스. 99쪽.

이번 통과된 이 법이 노리는 것은 일종의 사회 혁명이라
규정지어도 변명의 여지가 없을 것이며,
또한 이는 김일성 집단의 공산화 음모에
길을 닦아주는 것이라 하여도 과언이 아닐 것 같다.[100]

　　한국의 기업가들이 자신에 대한 비판을 반자본주의=공
산주의라고 맞받아친 일은 여기서부터 시작되었다. 또한
당시 미국은 민주당 최고위원인 장면에게 보낸 공한公翰을
통해 장면 정부의 부정 축재자 처벌 움직임은 "급격한 기
업 생산의 위축을 초래하고 인플레를 재연시킬 위험성이
있다"라는 이유로 반대 의사를 전달했다.[101] 한국의 정치·
경제에 큰 영향을 행사하던 미국은 민주화가 부패한 기업
가들에 대한 처벌의 움직임으로까지 나아가자 급히 견제
한 것이다. 미국은 같은 해 발생한 5·16 군사 쿠데타 직
후에도 재벌 기업을 부정 축재자로 처리하려 할 때 또 다
시 제동을 걸어 강경한 부정 축재자 처리 방침이 경제 회
복을 지연시킬 뿐만 아니라 광범위한 국유화로 이어질 것
이라고 경고했다. 이후 풀려난 열세 명의 기업가들이 주
축이 되어 한국경제인협회가 만들어졌고, 1968년 3월 28

100 전경련. 전경련 소사(서재진, 1989. 176쪽에서 재인용).; 서재진. 1989. 한
국 자본가 계급의 계급기구와 성격 – 전경련을 중심으로. 한국사회사연구회. 『현
대 한국의 자본축적과 민중생활』. 문학과지성사.

101 공제욱, 2000. 91쪽.

일 전국경제인연합회(전경련)로 이름을 바꾸었다. 재벌 대기업을 대표하는 전경련은 국민 경제 활성화와 수출 산업 육성 등의 공식화된 목표를 내걸었지만, 주로 정권에 영향을 미치는 활동,[102] 즉 재산 헌납 요구나 총수 구속 등 기업 처벌에 대해 방어를 함과 동시에 국가의 경제 정책에 개입하기 위한 목적을 갖고 있었다.

1960년대를 거치면서 노동자 계층이 형성되고 노사 분규의 빈도가 현저히 증가하자, '산업 평화의 실현과 국제 경쟁력 강화'를 위한 새로운 조직의 필요성이 대두되어 1970년대에 한국경영자총회(경총)가 조직되었다. 경총도 '노동법제의 합리화', '임금 안정화'를 내걸었으나 사실상 노동자 통제를 주목적으로 했다.[103] 전경련과 경총이라는 두 기업가 조직은 정권과 재벌 대기업의 결합을 축으로 하는 발전국가 한국의 주요 동력이 되었다.

이처럼 한국에서 재벌이 발전국가의 견인차가 된 것은 사기업 주도의 발전 전략 채택을 강력하게 권고한 미국의 요구도 있었지만, 국내적으로는 박정희 정권이 수출 주도의 경제 성장을 통해 정치적 정당성을 찾아야 했기 때문이었다. 재벌 입장에서 보면 권력과의 긴밀한 연계는 관세 금융상의 혜택, 임금 억제와 노조 통제를 위해서도 필

102 서재진, 1989, 182쪽.
103 서재진, 1989, 183쪽.

수적이었다. 그러므로 한국 재벌 체제가 형성된 데는 단순히 전근대적인 가족 문화의 배경이 있었다기보다는 압축 성장의 압박과 국가의 일방적 지원을 통한 성장주의 전략이 더 중요한 요인으로 작용했다고 볼 수 있다.[104] 총수 1인에게 의사결정을 집중시켜 정치권과 협상을 하는 기업 지배 구조, 즉 재벌 체제가 효율적이었기 때문이다.

저복지·발전주의를 견인한 반공자유주의

박정희 정권은 친재벌/반노동 정책이 초래한 불평등과 빈곤을 증세와 사회 복지 확충으로 해결하기보다는 저축 장려 등 가족 단위의 자산 형성 정책을 통해 해결했다. 박정희 정권이 도입한 근로소득 면세점 제도는 낮은 조세, 낮은 국가 복지 체제를 가져왔으며,[105] 지금까지 '작은 정부'를 구조화한 배경이 되었다. 한편 수출 기업에 대한 특혜에 기초한 수출 지향적 공업화도 저조세, 소비 억제, 저임금, 사회 보험 부담 최소화 등을 요구했고, 이러한 구조를 유지하기 위한 저복지 체제가 유지되었다. 미국은 산업 발전에 필요한 원자재를 제공했고, 개발 차관, 기술 원

104 김기원, 2001.

105 김도균, 2013. 한국의 자산기반 생활보장체계의 형성과 변형에 관한 연구 — 개발 국가의 저축동원과 조세정치를 중심으로. 서울대학교 대학원 사회학과.

조, 한국산 제품에 대한 각종 면세 조치를 통해서 한국 경제 발전을 지원했다. 또한 '개발도상국에서의 수입품에 대한 일반 특혜 관세 제도'를 실시했기 때문에 한국은 3,000여 품목을 무관세로 미국에 수출할 수 있었다.[106]

한편 한국은 베트남 전쟁 참전으로 막대한 외화를 확보할 수 있었다. 박정희 정권이 추진한 한국군의 베트남 전쟁 참전은 경제 발전을 위한다는 동기와 더불어 동아시아 반공 전선의 유지라는 친미·안보상의 이유도 있었다. 즉, 미국의 반공자유주의는 자본주의 체제의 유지·확장이라는 거시적 목표를 위해 동아시아에서는 국가 주도의 발전주의 노선이 추진될 수 있도록 지원했다. 그래서 박정희 대통령은 군 사령관처럼 사기업의 외화 조달, 해외 시장 진출, 노동 통제 등을 지휘하는 역할을 했고, 이것은 북한과 상시 대결 상태에 있었던 한국의 경제 발전과 안보 능력 강화라는 목표를 통해 정당화되었다. 또한 당시 노동자는 국가 안보와 경제 성장이라는 목적에 자신을 바치는 '산업 전사'로 불려졌다. 이처럼 1960, 1970년대 한·미·일 간의 긴밀한 경제 관계는 동아시아의 전략적·안보적 요구를 살펴보지 않고서는 설명할 수 없다.[107]

1960년대 중반 이후 재벌 대기업 주도의 경제 성장 전

---

106 미하원국제관계위원회, 2014, 321쪽.
107 미하원국제관계위원회, 2014, 327쪽.

략은 이들이 지속적으로 요구했던 공기업 사유화 정책과 결합되었다. 박정희 정권은 금융 기관의 국유화를 추진하기도 했으나, 중요 국가 기간산업이나 공기업을 재벌 기업에게 넘겼다. 대한항공, 유공, 해운공사 등이 대표적이었다. 물론 박정희 정권은 8·3 사채 동결과 같은 극도의 반시장적인 정책을 펴기도 했으나 그 혜택도 주로 재벌 대기업에게 돌아갔다. 그리고 박정희 대통령은 1973년 1월 12일 연두 기자회견에서 '중화학 공업화 선언'을 채택하는데, 이러한 정책까지도 국영 기업이 아닌 사기업, 주로 재벌 기업이 주도했다. 중화학 공업화 정책은 경공업 중심의 산업 구조를 넘어서자는 경제적 필요에 의해 제기되기도 했으나, 주로 1970년 미·중 국교 정상화, 미군 철수의 위험, 그리고 북한과의 군사적 긴장의 격화라는 안보 위기에 맞서 추진된 것이기도 했다. 그러나 이 정책은 미국의 견제를 받을 수밖에 없었다. 미군 철수에 대비해 한국의 방위력을 증장시키려는 정치적 의도가 있었기 때문이다.[108] 결국 미국의 압력으로 방위 산업 육성 정책은 제대로 실시될 수 없었고, 박정희의 사망으로 종지부를 찍었다.

---

108 신정완. 2004. 박정희 시대의 안보정치 – 1970년대 방위산업육성정책을 중심으로. 유철규 엮음. 한국연구재단(NRF) 연구성과물. 376쪽.

단체교섭권과 단체행동권을 거부한 국가보위법

한편 1970년대 박정희 정권하의 노사 관계는 '국가보위법'이 관장했다. 국가보위법은 1971년 12월 6일에 선포한 국가비상사태에 법적 근거를 부여하는 성격의 것이었는데 이 법에 의해 대통령은 국무회의의 심의 절차를 거쳐 시민권을 근본적으로 제약할 수 있었으며 1981년 12월 27일 폐지될 때까지 사실상 헌법상의 기본권을 부인했다. 즉, 노조 결성이 금지되지는 않았으나 국가보위법이 단체교섭권과 단체행동권을 사실상 부인했기에 노조가 만들어질 수 없었다.[109] 이 점에서 1970년대 중반 이후 발전국가로서의 한국은 자주적이고 횡단적인 산별 노조 자체가 없었거니와 국가가 노조 활동을 일방적으로 억압·배제하고 재벌과 협회 등 특수 이익 집단의 독점 이익을 보장했다. 따라서 국가가 주도해 자본과 노동의 타협 체제를 구성한 남미의 국가조합주의state corporatism는 물론 노사의 타협을 기초로 국가가 개입한 유럽의 '사회적 조합주의social corporatism'와도 거리가 멀었다.[110]

---

109 김삼수. 2003. 박정희 시대의 노동정책과 노사관계 – 단결금지의 노동정책과 기업 내 노사협의제. 이병천 엮음.『개발 독재와 박정희 시대』. 창비.

110 박정희 정권 시기를 남미형 국가조합주의의 일종으로 본 최장집(1988)의 주장은 이 점에서 현실과 거리가 있다. 당시 기업 집단과 노조는 국가의 타협을 이끌어 낼 정도의 힘이 없었다. 그러나 1990년대 이후 국가는 이들 특수 이익 집단에 포획되었다.

1979년 박정희 정권은 경제 침체와 억압 일변도의 정책에 대한 저항을 맞아 붕괴하고 말았다. 1980년 전두환 정권이 들어선 이후 미국과 영국에서 레이건과 대처가 각각 집권하여 신자유주의 정책을 본격적으로 채택하던 시점에 한국에서도 신자유주의 기조가 본격화되었다. 1970년대 말 이후 경제기획원에서 제기한 경제 자유화 요구는 금융 자유화, 수입 자유화의 기조로 방향을 잡았다. 이것은 재벌에 대한 경제력 집중 완화와 같은 경제 민주화의 요구를 뒤로 하고 개방과 자유화 기조로 나아감을 의미했다.[111] 전두환 정권은 교육·주택·복지 영역을 더욱 시장화했다. 이러한 전환 역시 국가 안보와 경제 성장을 가장 우선시하는 반공 체제의 틀 속에서 진행된 것이었다.

1980년대 국가 주도 신자유주의의 대두

한국에서 국가와 재벌이 유착해서 발전 전략을 추진한 것[112]이나 국가가 일방적 친재벌 정책을 견지한 것은 시장

111 최병선. 1990. 정치경제체제의 전환과 국가능력. 한국정치학회. 『한국정치학회보』. 제23권 2호. 27~49쪽. ; 김윤태. 2012. 『한국의 재벌과 발전국가 - 고도성장, 독재, 지배계급의 형성』. 한울엠플러스, 207쪽.

112 1950년대까지 대만과 한국은 모두 반공주의에 기초한 전쟁 동원 체제의 성격을 갖고 있었으나 약간의 시차를 두고 발전국가의 양상을 갖게 되었다. 한국은 재벌 주도의 수출 지향적인 공업화로 나아갔으나 대만의 경우 지역 협업적 중소기업 주도의 발전국가로 나아갔다(임석준. 1999. 한국과 대만의 산업질서: 산업

주의, 자유주의와는 현상적으로는 배치되는 것이었다. 따라서 그 과정에서 미국의 시장주의 노선과 갈등도 있었다. 그러나 그것은 반공자유주의의 근간인 사기업 주도/노동 억압 성장주의 노선을 벗어나지 않은 것이었으며 안보 위기, 즉 북한과의 군사·경제적 대결 상태가 가장 중요한 정당화 기반으로 작동하고 있었다.

과거 후발국인 일본, 독일이 '방어적 근대화defensive modernization'의 길을 걷게 된 것처럼, 개발 독재 시절의 한국은 북한 공산주의의 위협 속에서 방어적, 혹은 '반동적 근대화'[113]의 길을 걸었다. 수출 주도 산업화와 발전국가는 사회주의와 달리, 국가의 시장 개입과 재정 확대보다는 사기업 주도의 경제 운영, 공기업 사유화의 기조와 함께 강한 반노동/저복지/저조세의 성격을 갖고 있었다. 그것은 1980년대 이후에 국가 주도 신자유주의 정책으로 연결된다.

화 수렴이론과 동아시아 발전 모델. 『아세아연구』, 제42권 1호. 403~431쪽.).
113 이병천, 2003.

4. 구조화되는 한국형 신자유주의

1987년 민주화와 노동 운동의 활성화, 임금 인상의 압박은 곧 이어진 사회주의 진영의 붕괴와 냉전 체제의 이완과 맞물려 한국의 개발 독재 세력인 반공자유주의 세력에게 커다란 도전으로 다가왔다. 그리고 세계화, 경제 자유화, 지구적 신자유주의 질서 또한 그간 국가 주도의 성장주의 정책에 익숙해 있었던 경제 관료와 재벌 기업에게는 큰 위기였다.

당시 관료들은 발전주의와 신자유주의 사이에서 갈등과 혼란이 있었다.[114] 기업가들은 민주화의 진전에 위협을 느꼈다. 1988년 구자경 전경련 회장은 "우리는 공개적으로 정치 자금을 모금해 '자유시장' 원칙을 지지하는 정당에게만 자금을 지급하겠다. 자유시장 경제를 지지하지 않는 국회의원이 12명이나 있는 정당에는 정치 자금을 지원할 수 없다"라고 발언했다. 여기서 전경련이 말한 '자유시장'이란 곧 재벌 총수의 통제권을 보장하고 노조의 활동을 사실상 인정하지 않았던 기존의 정치·경제 질서를 의

114 진시원, 2003. 84쪽.

미했다. 이러한 반응은 민주화 운동 세력의 정치권 진입, 그들의 요구를 수용한 노태우 정권의 정책인 대기업을 위한 정책 금융 폐지, 대토지 소유자에게 누진세 적용 등의 경제 정책에 맞서 베블런이 말한 자본의 사보타주 능력을 행사하겠다는 의사 표시였다.

노동부나 법원마저도 민주화 압력에 각자의 방식으로 대응했다. 정부는 노동 운동에 대한 과거의 형사적 통제 대신에 민사적 통제, 즉 자유주의적 방식을 도입했다. 1990년 10월 최영철 노동부 장관은 전국근로감독관회의에서 "노동 운동의 준법 질서를 확립하기 위해 노조 측의 불법 쟁의로 인한 손해에 대해서는 민사상의 손해 배상 소송을 적극적으로 활용하라"라는 지침을 내렸다. 정부의 발표 후 1년 동안 34건의 소송이 제기되었다. 사용자 측의 청구 액수도 1990년 전후에는 1,000만 원대였으나 이후에는 억대로 증가했다.[115] 노동부의 지시 이전에는 몇 업체만이 산발적으로 노조에 대해 손해 배상 청구를 했으나 그 이후 곧바로 6개 업체가 소송을 제기하는 등 그 효과가 금방 나타나기 시작했다.

---

115 한겨레신문, 1993. 8. 5.

여의도에 위치한 전경련회관 빌딩(가운데) ⓒ서울역사박물관

토지공개념법의 좌초

1990년 5월 노태우 정부는 '토지공개념법'을 도입했고, 재벌이 가진 부동산을 매각하도록 압박했다. 그러나 전경련 등 기업가 단체들은 토지공개념의 입법이 사유 재산권을 침해한다는 이유로 적극적으로 반대했다. 노태우 정부 시절 토지공개념을 입안하던 조순 경제팀에 대해 당시 박준규 국회의장은 "혁명적 토지공개념은 혁명을 초래할 수도 있다"[116]라고 경고하기도 했다. 토지에 대한 최소한의 사적 독점 제한 시도마저 모두 사회주의적인 것으로 공격을 받았고, 결국 토지공개념 3개 법안(택지소유상한제·토지초과이득세제·개발부담금제)은 헌법재판소로부터 위헌 및 헌법 불합치 결정을 받아 도입 취지가 퇴색했다.

노동조합이 속속 결성되고 단체 교섭 요구가 커지자 기업가 단체는 더욱 강경한 태도를 취하기 시작했다. 기업가 단체는 이들을 체제 전복 세력으로 규정한 다음 "우리는 경영권, 인사권을 체제 전복 세력으로부터 확고히 수호할 것"이라고 성명을 발표하기도 했다.[117] 노동 쟁의 관련 사건은 여전히 '공안 관련 사건'으로 취급되었고 안기부, 기무사, 공안 검찰이 관계 기관 대책 회의 등을 통

116 동아일보, 1993. 3. 30.
117 한국경영자총협회 등의 성명, "급진 폭력세력의 노사문제 개입을 이대로 방치할 수 없습니다", 1989. 11. 17.

해 노사 분규에 개입했다. 대표적으로 1991년 한진중공업 박창수 씨 사망 사건 관련 등 노동 쟁의 사건들에는 안기부, 기무사 요원이 참석한 깃으로 알려졌다. '검찰 사무에 관한 법'에 따르면 '노동조합 및 노동관계조정법' 관련 사범은 공안 관련 사범으로 분류되며, 공안검찰 제2과에서 담당하게 되어 있었다. 1995년 김영삼 대통령은 한국통신에서 노조가 결성되어 파업을 일으키자 '반체제 세력'이라고 공격했다. 그러자 회사 측은 불법 세력과는 교섭할 수 없다며 일체의 대화를 거부했다. 노조 전임 간부 64명에 대한 검거령이 떨어졌으며, 경찰은 노조 사무실의 출입구를 못질을 해서 막았다.

신자유주의를 강제하는 논리

이후 김대중 정부도 재무 구조가 부실해 어려움을 겪는 기업인 '한계기업'에서의 노동자 정리해고의 자유, 즉 노동 시장의 탄력화를 우선적으로 실시하면서도 유럽식 사회적 합의기구인 노사정위원회는 매우 불구적인 형태로 만들었다. 그리고 "경영 참가는 절대 안 된다는 것이 경총의 공식 입장이다", "경영 참여는 경영인사권에 속하므로 논의의 대상이 될 수 없다"라는 논리로 노동자의 경영 참

여는 아예 거론조차 하지 않았다.[118]

한편 김대중 정부가 강조한 '시장 경제'는 발전국가의 유산인 정경유착, 관치금융, 재벌의 독점적 지배, 기업 지배 구조의 불투명성 등을 제대로 개혁하지 못했다. 반면 외환 위기와 구조조정의 압력 속에서 노동자들은 '시장의 폭력'에 전면적으로 노출되었다. 김대중 정부 이후에도 재벌 기업의 이해를 위협하거나, 정부의 '사유화' 방침에 저항하는 노조 활동은 사실상 반체제 조직으로 간주되었다. 1950년대식 반공자유주의의 논리가 이제는 신자유주의를 폭력적으로 강제하는 논리가 된 것이다.

1987년 이전의 반공자유주의는 정치적 민주화를 통제하는 수단의 역할을 했다고 볼 수 있다. 그리고 1990년대 이후에는 신자유주의적 시장주의 논리와 결합해 국가 주도의 시장주의, 국가의 친기업과 반노동 정책, 사학, 언론등 공공적 성격을 갖는 기관의 재산권을 강화하는 논리로 변했다. 물론 87년 투쟁 이후 노조 활동이 합법화되기는 했다. 하지만 한국식 기업별 노조는 범노동 세력의 연대보다는 소속 기업의 이익을 지지하고 사회 연대에 소극적인 점에서 신자유주의와 친화적일 수 있었다. 그리고 쟁의에 대한 직권 중재 제도, 무노동 무임금, 사용자 손해

---

118 "경영 참가는 절대 안 된다는 것이 경총의 공식 입장이다", "경영 참여는 경영 인사권에 속하므로 논의의 대상이 될 수 없다"(황석만. 1996. 『노동자 경영 참가의 세계적 추세와 전망』. 한국노총중앙연구원. 101쪽.).

배상 청구 장려 등의 조치는 노동조합의 활동을 위축시켜 노동 쟁의를 실질적으로 불가능하게 만들었다. 예를 들어 경제 자유화의 조건에서도 한국을 대표하는 글로벌 기업 삼성전자는 여전히 노동자들의 단결권을 부인했다.

시장주의의 전도사로 거듭난 경제 관료들

1990년대에도 계속적으로 지속된 성장주의, 저조세와 저복지, 시장과 사적인 부담에 의존하는 재생산 구조는 반공자유주의 기조에서 성장주의를 추구했던 한국 경제 관료나 지배 엘리트들의 정책 선택의 결과다. 동시에 외적으로는 경제 자유화의 도전과 내적으로는 조직 노동의 저항에 대처하는 방어 전략이기도 했다.

한국의 사회 보호 관련 재정 지출은 OECD 회원국 평균을 크게 밑돌았지만, 국방과 경제 및 주택 관련 재정 지출은 OECD 평균의 두 배를 넘어서고 있었다.[119] 과거 발전주의의 주역인 경제 관료들은 이제 '시장주의'의 전도사가 되었으며, 노동자들은 국가의 억압에 더해서 유연화된 노동 시장에서 '시장의 폭력'[120]에 노출되었다. 국가가 금

---

119 강병구. 2015. 복지국가의 발전을 위한 재정정책. 『월간 복지동향』, 제197호.

120 송호근. 1992. 『시장과 이데올로기』. 문학과지성사. 16쪽.

융과 기업 활동에 개입하던 발전주의 노선은 사라지지 않은 채 오히려 국가가 자유화, 즉 탈규제, 유연화, 사유화 정책을 앞장서서 시행했다. 이것은 1990년대 일본의 신자유주의 정책 전환에서 나타난 것처럼 국가가 금융 자본의 요구에 맞추어 적극적으로 나서서 신자유주의를 강요하는, 일종의 발전주의와 결합된 신자유주의라 볼 수 있다.[121] 성장주의, 재벌 주도 경제와 경제의 양극화, 노동 배제 상태는 그대로 유지되었으나, 국가는 '자유'의 이름으로 사유화와 기업 구조 조정을 강제했다. 과거에는 북한 공산주의의 위협이 이런 기조를 가져온 중요 명분이었다. 그런데 이제는 주로 지구화의 압박, 국내의 민주화와 조직 노조의 도전에 대한 방어의 필요성이 결합되어 국가가 탈규제, 사유화, 유연화 등 신자유주의 정책을 시행하게 된 것이다.

그래서 김대중 정부에서는 일부 복지 정책이 획기적으로 실시되기는 했으나, 개발 독재 시절부터 지속되어 온 복지의 가족 시장 의존성, 낮은 조세, 저축과 부동산 투자를 통한 자산 형성 체제는 거의 변형되지 않았다. 한국은 개발 독재 시절부터 복지, 주택, 교육 등에서 시장 의존도가 매우 높은 상태였기 때문에, 공공복지의 확대가 제대

121 渡辺治. 2007. 日本の新自由主義: Harvyの新自由主義に寄せて. David Harvey, 三田成也外飜譯. 新自由主義: その歴史的展開と現在. 作品社. pp.301~303.

로 이루어지지 않은 상황에서 기업의 경쟁력 유지 필요와 맞물린 노동 시장 유연화 정책은 노동자들에게는 거의 폭력적인 것으로 다가올 수밖에 없었다. 그것은 매우 가혹한 신자유주의였다.

사회적 타협이 없었던 발전국가로서의 한국

한국은 8·15 해방이 곧 분단으로 이어지고, 전후 냉전 체제의 최전선에 서게 되었다. 그래서 미국발 반공자유주의는 한국 정치·경제를 주조한 기본적인 틀이 되었다. 북한 공산주의에 대한 '방어'와 자본주의 체제 안정화를 위한 귀속 재산의 민간 불하, 지주 세력을 몰락시키고 농민에게 소유권을 보장해서 이들을 자본주의 체제로 편입시키려는 농지 개혁, 그리고 은행 및 국유 기업의 사유화 정책을 이미 정부 수립 직후, 한국전쟁 전후에 추진했다. 한국전쟁과 그 이후 수십 년 동안 지속된 남북한 간의 휴전 상태는 국가의 존립 자체가 위협을 받는 '비상사태', 즉 준전쟁 상황이었다. 미군의 주둔과 막대한 경제 원조, 재벌 주도의 수출 위주 경제 성장 노선은 이런 토대 위에서 추진되었다. 1960년대 이후 수출 위주의 공업화는 탈빈곤과 선진국 추격 발전이라는 내적 열망을 반영하지만,

내·외부의 공산주의로부터 자본주의 체제를 '방어'해야 한다는 미국발 세계 경제 질서 재편의 요구, 즉 반공자유주의 정책을 반영하는 것이기도 했다.

박정희 정권 시기의 근대화, 발전주의 노선은 미국의 냉전 정책 기조에 부응한 것이었다. 그래서 발전국가는 국가의 시장 개입의 특징을 갖기보다는 재벌 대기업에 대한 일방적 특혜, 국민 저축 장려를 통한 사적인 복지와 사회안전망 마련, 그리고 임금 통제와 노동 억압 등의 특징을 갖는 것이었다. 1950년대 이후 한국은 박정희, 전두환, 노태우, 김영삼, 김대중 정부에 이르기까지 다섯 차례 이상 국유 기업의 사유화를 추진했으며, 이 점에서 한국은 국영 기업과 중소기업이 경제 발전을 추진한 대만과도 크게 차별적이었다. 선진 자본주의 국가에서 노조와 사회민주주의 정당은 케인스주의 자본주의 질서의 주요 파트너였고, 남미에서는 국가조합주의적 타협도 가능했다. 그러나 대기업 지원/노동 배제의 산업화를 추진한 한국에서는 그런 사회적 타협의 조건 자체가 마련되지 않았다.

여전히 작동하는 반공자유주의 이데올로기

전두환 정권의 시장 개방, 자유화, 공기업 사유화 정책은 1970년대 말의 경제 위기를 돌파하기 위한 초기 신자유주의 정책이었다. 그러나 국가-재벌의 결합에 의한 발전국가는 민주화와 노동 세력의 도전, 외부에서의 신자유주의 세계화의 도전을 맞아 크게 변형되지 않을 수 없었다. 그래서 87년 민주화와 97년 외환 위기는 한국 자본주의의 큰 전환점이었고, 과거의 반공자유주의는 약화되었으나 경제적 반공주의라 할 수 있는 신자유주의적 시장주의가 그 자리를 차지했다.

민주화 이후 경제 관료 집단 내에서는 발전주의와 신자유주의 기조를 둘러싼 충돌이 없지 않았지만, 양자는 공통점이 더 많았다. 덕분에 경제 자유화는 재벌 체제와 국가 주도의 특권 경제를 약화하기보다는 오히려 지속하고 강화했다. 그래서 한국의 국가 주도형 신자유주의는 발전주의의 연장 속에 있으며, 거시적으로 보면 1950년대 이후 반공자유주의의 틀을 벗어나지 않았다. 미국의 공격적 반공주의는 시장만능주의, 개인책임주의, 계급 담론의 배제를 수반했는데 그것은 한국에 와서 매우 억압적이고 폭력적인 양상을 갖게 되었다. 결국 발전주의의 변형 혹은 관료 주도의 신자유주의의 특징을 갖고 있는 1997년 이후의 한국형 신자유주의는 반공자유주의의 본거지인 영·미식 시장주의 정치·경제 모델과 유사하지만, 후발 자본주의 혹은 발전국가의 틀 위에 있다.

1990년대 이후 한국 등 후발국의 신자유주의로의 전환은 서유럽 복지국가가 겪었던 신자유주의와는 매우 상이한 역사와 경로를 갖고 있다. 그래서 우리는 발전주의를 단순히 국가의 성장 주도, 시장 개입주의로 보기보다는 반공자유주의의 한 형태로 볼 필요가 있고, 그 점에서 한국형 신자유주의는 발전주의를 연장한 부분이 크다. 한국형 신자유주의가 만들어 낸 취약한 공공복지, 낮은 조세, 작은 국가 상태를 넘어서기 위해서는 이러한 정치·경제 질서에 대한 검토가 선행되어야 한다.

맺는말
반공자유주의의 자장과
20대 대통령 선거,
그리고 그 이후

1.

2022년 3월 9일에 실시되는 20대 대선은 어떤 의제가 가장 중심적인 쟁점이 될까? 정권 교체의 불가피성을 피력하는 국민의힘은 부동산 폭등, 청년 좌절 등을 내세우며 문재인 정권의 심판을 가장 강력하게 주장하고, 민주당은 코로나 19 대응과 경제 성장에서 나름대로 성과를 거둔 현재의 정권과 민주당이 유지되어야 한다고 주장한다. 그러나 선거 국면에서 터져 나오는 각종 의혹, 고소고발, 그리고 말의 성찬은 한국 사회가 안고 있는 가장 심각한 문제와 그를 돌파하기 위한 방향을 흐리게 만든다.

선거는 심층의 사회적 균열을 곧바로 반영하지는 않는다. 하지만 표층에서 대립하는 정치 세력 간의 갈등을 통해 심층의 구조 혹은 사회경제적 균열을 부분적으로 반영한다. 심층에서 꿈틀거리는 사회적 변화 흐름, 균열과 잠재적 갈등은 국가의 지배질서, 사회경제 변동, 역사문화적 가치와 정서와 주로 관련되어 있고, 표층의 대립은 정권 교체, 정당과 후보의 이미지 등과 관련되어 있다. 그리고 심층의 시대적 과제를 깊이 끌어안고 표층의 대립과 균열을 정치적으로 동원하거나 제압하는 정치지도자가 시대를 이끌 자격을 갖게 된다.

단계	근대		탈근대(포스트민주주의)
	근대(1) (자유민주주의)	근대(2) (사회민주주의)	
과제	정치적 민주화/ 재권위주의 언론 자유 사법 개혁 인권 * 평화 · 통일 / 국가 안보 체제	사회복지, 분배/ 성장주의 재정 확대, 증세/ 감세 사회적 합의주의 노조 경영 참여 양성평등	사회적 경제/성장주의 친환경, 지속가능/ 성장주의 탈국가주의. 자율 공동체 동성애, 낙태 허용 * 분권과 자치/중앙집권

1987년 이후 한국 사회의 시대적 과제를 현재 지구상의 각 자본주의적 민주주의 발전 정도나 과거의 발전의 이력들을 종합해서 판단하면 위 표에서처럼 근대(1), 근대(2), 탈근대로 구분해 볼 수 있을 것이다. 각 단계는 앞의 것이 성취되어야 다음의 것이 성취될 수 있다는 점에서

분명히 발전의 단계를 지칭하는 것이다. 그러나 실제적으로나 구체적으로는 중첩되어 존재하고 역전될 수 있으며, 내부에 다양한 유형이 존재할 수도 있다.[122]

한국의 87년 이후 민주화 국면을 사회경제적 발전 정도에 비추어 보면, 민주주의 이행을 거쳐 자유민주주의/사회민주주의로 넘어가야 할 과제가 동시에 제기된 상황이었다. 그리고 동시대의 세계사적 시간대는 포스트 민주주의의 과제도 끌어안아야 할 시점이었다. 그러나 사회주의 붕괴와 신자유주의 세계화라는 지구적인 환경은 사회민주주의로의 진전을 크게 제약하였다. 남북한의 분단이라는 한국의 특수 상황은 남북 대결, 국가 안보 체제 유지, 수구 냉전 세력의 반작용을 일으켰고 자유민주주의로의 진전도 제약을 받았다.

결국 1987년 이후, 특히 김대중 대통령이 집권한 1997년 이후 한국은 대외적으로는 남북한 평화와 화해, 표층에서는 자유민주주의의 완성으로서의 군사 독재의 회귀를 막으면서 구 독재 정권의 기둥이었던 공안 기구, 검찰 등을 개혁함과 동시에, 지역주의 극복, 지방 분권, 인권 신장 등의 과제를 해결해야 하는 상황이었다. 심층적으로

---

122 근대(1)은 일반민주주의 혹은 자유민주주의 과제를 지칭하며, 근대(2)는 사회민주주의 혹은 경제민주주의가 추구하는 과제에 해당한다. 서구 자유민주주의/사회민주주의 국가는 근대(1)은 대체로 완수했으나 근대(2)는 성취와 역전의 각축 과정에 있고, 탈근대와 근대의 과제는 부분 수용하였다. *는 한국의 특수 조건과 관련된 쟁점들이다.

보면 제조업 비중 약화와 서비스 경제 비중 증대, 금융 자본의 지배 강화 등 새로운 국내외 조건하에서 탈성장주의/복지와 분배 강화/사회적 합의주의, 그리고 저출산 고령화 시대에 맞는 새로운 돌봄 체제 수립 등을 내용으로 하는 사회민주주의/포스트민주주의의 과제로 결합해서 추진해야 할 시대적 과제도 안고 있었다.

그런데 김대중, 노무현 두 민주 정부는 앞의 근대(1)의 과제를 완성하는 것도 힘겨워 했으며,[123] 근대(2)의 과제로는 제대로 진입하지 못했다. 그 이유는 크게 두 가지로 볼 수 있다. 첫째는 지구적 냉전 체제의 와해에도 불구하고 한반도에는 냉전이 상존했고, 반사회주의/노동=사회주의 이데올로기 지형이 그대로 유지되었기 때문이다. 따라서 세력으로서의 조직 노동 운동과 진보 정치 세력의 힘은 극히 취약하였고, 근대(2)의 의제가 부상될 수 있는 장이 열리지 않았다. 둘째는 1998년 외환 위기로 인해 IMF 구제 금융을 받게 되어 경제 회복을 위해 신자유주의 세계 경제 질서, 즉 자본 자유화, 탈규제, 민영화 등 친자본 정책을 일방적으로 수용하지 않을 수 없는 상황에 놓였다. 그래서 김대중·노무현 정부는 근대(1)의 과제 중 한국적 특수성을 갖는 남북 화해, 지방자치, 중앙과 지방의 균형 발전, 탈권위주의, 인권 등 근대(2)의 과제를 건드리

---

123 노무현 대통령은 이를 두고 자신이 '구시대의 막내'라고 표현하였다.

지 않을 수 있는 여타 범주의 근대(1)의 의제에 초점을 맞추게 되었다. 그렇다보니 실제적인 정책의 헤게모니는 여전히 성장주의 지향성을 가진 경제 관료들의 손으로 넘어가게 된 셈이다. 결국 이 두 정권은 심층에서의 재벌의 경제력 집중, 사회적 양극화, 노동조합 약화 등 사회민주주의에 역행하거나 현상유지 정도를 하는 수준에서 더 나아갈 수 없었다. 그 결과 근대(1)의 과제에 대해서조차도 거부감을 갖는 구 보수 세력의 저항에 직면하여 권력을 넘겨주고 말았다.

이명박·박근혜 정부의 등장은 앞선 두 민주 정부의 자유민주주의적인 개혁조차 자신의 기득권을 위협한다고 생각한 구 냉전 보수 세력, 관료, 재벌, 보수 언론의 총체적 반격의 결과였다. 그래서 이명박·박근혜 정부에 저항한 2016-2017 촛불 시위는 민주주의의 측면에서 볼 때 미래지향적 운동이라기보다는 1987년 민주화를 완전히 원점으로 돌린 박근혜 대통령 추방 운동이었으며, 후퇴한 자유민주주의를 제대로 실시하자는 운동이었다. 이 시위는 헌법상에 명시된 주권자의 권리 보장을 요구한 집단 청원적 항의 운동이었다. 촛불시민들은 1987년에 회복된 대의제 민주주의가 어떻게 한 걸음 더 나아가야 하는지에 대해 어느 정도 자각을 했다. 그러나 촛불이 사라진 광장은 여전히 기성의 정당 정치가 자리를 차지하고 있으며, 모든 입법과 제도 개혁은 그들의 손에 달려 있기 때문에 아직 그것을 혁명이라고 부를 수는 없었다. 물론 이 시위 대중의 분노의 저류에는 이명박·박근혜 정부가 수구적 퇴행과 개발주의적인 신자유주의로 간 것에 대한 불만이 있었다. 하지만 촛불시위는 문재인 대통령의 당선과 초기의 압도적 지지라는 모습으로 집약되었으며, 그 이후 모든 개혁의 과제는 다시 정권에 위임되었다.

2016-2017 촛불시위는 20여 년 동안 지속된 신자유주의 질서, 50여 년 동안 지속된 개발 독재 질서의 유산, 그리고 70여 년 동안 지속된 분단 반공주의 질서의 개혁을 요구하지 않았다. 그 결과 촛불정부를 자임하는 문재인 정부는 김대중·노무현 정부가 추진했던 개혁 과제 이상으로 나아가지 않았다. 단순한 대의제 민주주의의 복원으로는 자유민주주의의 완성도 어렵다는 문제의식 속에서 정치 개혁, 비례대표의 확대를 포함한 선거법 개혁도 추진했으나 민주당의 기득권 고수 전략으로 좌초되었다. 검찰 개혁과 사법 개혁에 거의 사활을 걸었으나 도중에 그치고 말았으며, 재벌 개혁·조세 개혁·연금 개혁·금융 개혁·언론 개혁·교육 개혁 등은 거의 시작조차 하지 않았다. 비정규직의 정규직화, 사회적 합의제 초석 마련을 위한 광주형 일자리, 최저임금 인상을 통한 사회적 합의, 불평등 완화 등을 시도한 점은 평가할 수 있겠으나, 이 역시 제한적인

성과를 거두고 말았다. 문재인 정부가 가장 심혈을 기울인 정책은 역시 앞의 두 민주 대통령과 마찬가지로 남북화해와 평화 프로세스였다. 그래서 두 번의 남북정상회담과 두 번의 북미정상회담을 개최하는 성과를 거두었다. 그러나 남한 정부 입장에서는 냉전적 대립의 틀을 독자적으로 풀어나갈 힘이 제한적이었기 때문에 대통령의 강력한 의지에도 불구하고 큰 어려움을 겪어야 했다.

이러한 일련의 현상들은 극우반공주의에 비판적인 입장을 가졌어도 크게 보면 계속적인 반공자유주의의 자장 속에서 진행된 정치 변화가 결국 어떤 한계를 갖는지 드러내 준다.

2.

문재인 대통령은 정권 말기에 들어섰는데도 과거의 대통령들보다는 높은 지지율을 유지하고 있다. 이것은 촛불시민의 개혁 열망이 아직 살아있기 때문일 것이다. 그러나 부동산 정책의 대실패와 그로 인한 자산 불평등 심화, 반복되는 인사 실패와 검찰 개혁의 혼미 등으로 인해, 2017년 박근혜 전 대통령 탄핵 무렵에는 분당까지 되는 등 거의 죽어 가던 국민의힘이 완벽하게 부활하여 오히려 민주당의 지지율을 앞지르기도 하게 되었다. 또한 문재인 정부가 최고위직으로 임명한 3인이 야권 후보로 출마한 것은 문재인 정부의 정치적 지도력과 정책 수행 능력에 심각한 결점이 있었기 때문이다. 이는 대중들의 분노나 시위가 정권을 무너뜨릴 수는 있어도 그들의 요구가 결집되어 헌법 개정이나 선거법 개정의 동력으로 작용하지 않는 한 새 정부의 성공을 보장해 주지는 않음을 보여 준다.

문재인 정부가 역대 어느 민주 정부보다도 강력한 정치 자본을 갖고서 출발했음에도 불구하고 왜 사회경제 개혁에서 별다른 성과를 내지 못했는가에 대해서는 여러 가지 분석과 평가가 있을 수 있다. 대통령 리더십의 한계, 인적 풀의 제한, 예산 부처인 기획재정부를 비롯한 관료 집단을 제대로 통제하지 못한 것도 큰 이유 중의 하나일 것이다. 그러나 우리는 보다 구조적인 차원에서, 한국의 중도 자유주의 정당인 민주당이 안고 있는 한계라는 관점에서 설명해 볼 필요가 있다.

미국에서는 과거 오바마가 대통령 후보로 출마했을 때 "왜 우익의 사상이 국가의 아젠가가 되는가"라는 질문과 함께 "왜 오바마는 '희망과 변화' 같은 추상적 구호를 내거는가?"에 대한 논평 등이 있었다. 비슷한 측면에서 "왜 한국에서는 '사람 사는 세상'(노무현), '사람이 먼저다'(문재인) 같은 매우 감성적이고 인문학적인 구호가 민주당 대통령 선거의 구호가 되었는가"라고 질문해도 좋을 것이다. 이 점에서 유럽식 사회민주당이 없는 상태로 자유-보수의 양당이 제도 정치를 독점하는 미국과 한국은 유사점이 많다.

　어쩌면 미국의 공화당보다 더 퇴영적退嬰的인 한국의 국민의힘, 미국의 민주당보다도 더 보수적인 성향이 강한 한국의 민주당을 생각해보면 한국의 정치 지형이 미국보다도 더 오른쪽으로 치우쳐 있다고 봐도 좋을 것이다. 그리고 이는 한국이 군사 정권을 거친 후발 자본주의 국가라는 점도 고려되어야겠지만, 남북한이 여전히 전쟁 상태에 있고 냉전이 아직 종식되지 않았다는 점에서 냉전 시대의 권력 투쟁 지형이 그대로 유지되기 때문이라고 설명할 수 있을 것이다. 그래서 민주당의 실정을 비판하면서 권력 교체를 주장하는 국민의힘 후보들의 선거 공약과 정책이 한국의 지속적인 정치 지형과 그 한계를 보여 주는지도 모른다. 검찰 최고위직에 있다가 갑자기 야당인 국민의힘의 대통령 후보가 된 윤석열, 대통령이 임명한 감사원의 최고위직에 있다가 또한 국민의힘에 입당하여 대선 후보로 뛰었던 최재형의 평소 생각이 여과 없이 나온 주장과 공약 들을 통해서 그것을 엿볼 수 있다.

"한 주에 52시간이 아니라 120시간이라도 바짝
일하고, 이후에 마음껏 쉴 수 있어야 한다는 것이다."

(윤석열)[124]

"완전히 먹으면 사람이 병 걸리고 죽는 거면 몰라도, 부
정식품이라고 하면 없는 사람은 그 아래도 선택할 수
있게, 더 싸게 먹을 수 있게 해줘야 한다는 거다.
이거 먹는다고 당장 어떻게 되는 것도 아니고.
그러니까 이것(기준)을 이렇게 올려놓으면, 예를 들면
햄버거 50전짜리도 먹을 수 있어야 하는데, 50전짜리
팔면서 위생 등 퀄리티는 5불짜리로 맞춰놓으면
그건 소비자 선택의 자유를 제한하는 것이다."

(윤석열)[125]

"손발로 이런 노동으로 하는,
그렇게 해가지고 되는 건 하나도 없어.
그건 인도도 안 해. 저 아프리카나 이제 하는 것이고…"

(윤석열)[126]

---

124 윤석열 "주 52시간 실패한 정책…기업 노사간 합의 맡겨야", 매일경제,
2021. 7. 19.
125 매일경제 스페셜 인터뷰_윤석열 대통령 후보. 레이더P. 2021. 7. 19.
126 尹 "손발 노동은 아프리카나 하는 것"‥당내서도 비판. MBC 뉴스데스크.
2021. 9. 15.

"지금, 자영업자들, 어려운 청년들의 삶을 책임지고
있습니까? 우리 국민은 각자 스스로의 삶을
책임지려 노력하고, 정부는 그런 국민을 돕는 것, 그게
바로 제대로 된 국정이고, 자유민주주의 체제입니다."

(최재형 페이스북 중에서)

"국가가 세금으로 기업의 경영권과 중산층의 정당한
부의 승계를 과도하게 침해하는 일이 없도록 하겠다."

(최재형)[127]

이들의 발언은 최저임금 등 시장 원리를 침해하는 국가
개입주의 반대, 노조의 영향력 차단, 상속세 폐지, 개인의
선택권 중시, 빈곤에 대한 개인 책임 등으로 요약해 볼 수
있다. 일찍이 이런 주장을 하는 사상가들이 있었다. 노직
Nozick, 하이예크Hayek와 같은 자유지상주의자들이다. 이
들은 어떤 형태의 사회복지나 국가개입주의도 시장을 왜
곡하기 때문에 배격되어야 하며, 개인의 선택권이 가장
존중되어야 한다고 말한다. 이러한 자유주의는 사회 보험
이 도입되기 이전인 19세기의 자유주의, 뉴딜 이전의 후

---

127 최재형 "상속세 폐지하겠다"…측근도 우려했던 공약 발표 강행. 한겨레신
문. 2021. 9. 16.

버 대통령 시대의 미국, 사회 보험 제도가 도입되기 이전의 독일, 그리고 오늘 신자유주의 경제 사상의 초석을 놓은 미제스Mises, 프리드먼Friedman의 생각과 공통점이 많다. 신자유주의는 20세기 초 이후 노동 운동과 사회주의, 그리고 사회민주주의 세력이 집권을 한 이후 그에 대한 공포감과 위기의식에서 나온 것인데, 그들의 생각은 노조가 불법화되고 사회 보험이 도입되기 이전 19세기적 자유주의에 20세기의 전투적 자유지상주의가 결합되어 있다.

윤석열과 최재형은 범죄자를 잡거나 재판하면서 평생을 보낸 사람들로서 사회경제 체제나 그 대안에 대해 체계적으로 공부를 한 적이 없었을 것이다. 그런데 이들이 평생 몸담았던 공무원직을 던지고 곧바로 보수 정당의 일원이 되어 뱉어낸 말들을 보면 지금 단계의 선진 자본주의 국가 어디에서도 찾아보기 어려운 극소수 우익 자유주의 담론들이다. 이게 자신 주변의 부자들에게 들은 이야기라 하더라도, 이들은 이런 판단과 생각으로 그동안 공직을 수행했다는 말이 된다. 이들이 신자유주의 사상가의 책을 읽었는지 읽지 않았는지는 중요하지 않다. 그것은 오늘날 미국과 한국의 극우 세력의 논리, 전경련과 「조선일보」나 「중앙일보」의 사설과 칼럼의 논리를 그대로 옮겨 놓은 것이기 때문이다. 또 다른 야당 대통령 후보였던 홍준표의 인식도 이들과 거의 같거나 오히려 더 보수적이다.

윤석열은 남한에 미국의 전술핵 배치 주장까지도 언급해서 전통적인 반북 친미 극우 보수의 생각을 드러내기도 했다. 이것은 그가 남재준 전 국정원장과 같은 냉전 보수의 흑백논리를 간직하고 있음을 보여 준다. 남 전 원장은 과거 자유민주주의수호 시민연대 창립식에서

"이 나라는 대한민국의 정통성을 부정하면서 사사건건 대한민국에 반하는 일부 무리들이 민주화라는 가면의 탈을 쓰고 이 나라의 주인 행세를 하게 되었고, 우리들은 속절없이 주인의 자리에서 쫓겨나 길거리를 방황하게 되었습니다. '민주주의'에는 '자유민주주의'와 '사회민주주의' 그리고 저 김일성 3대 세습체제인 '인민민주주의'와 이의 또 다른 표현인 '민중민주주의'가 있습니다. 그런데 여러분! 우리들의 할아버지들, 아버지들이 지키고자 피 흘렸던 '민주주의'는 '사회민주주의'가 아니며 북한식 '인민민주주의'나 '민중민주주의'는 더더욱 아닌 바로 '자유민주주의'입니다."

라고 주장한 적이 있다.[128] 이들 냉전 보수는 민주당이나 진보적인 지식인들이 자유민주주의를 명시하지 않으

---

128 남재준, "부모세대가 피로써 지킨 대한민국 끝까지 지켜야". 2017. 1. 24.

면 모두 사회주의자들이라며 공격한다. 이런 19세기적 자유주의와 미국의 매카시 시대적 냉전 논리에 따르면 가진 자들의 재산권을 제약하는 조세나 최저임금 인상, 사회민주주의나 경제민주주의조차도 모두 사회주의가 된다.

> "이제 우리 사회에서 자유민주주의의 상대는 북한식
> 인민민주주의가 아니라 사회민주주의입니다. 보수가
> 더 이상 '빨갱이' '종북' 떠들어 봐야 안 먹힙니다.
> '사회 정의'라는 불명확한 개념을 명분 삼아 부자에게
> 세금 걷어 가난한 사람에게 퍼주는 식의 문재인 정부의
> 사회민주주의에 정책과 비전으로 대응해야 합니다. (...)
> 최저임금을 올리고, 돈 많은 사람을 쥐어짜서
> 세금 더 걷고 가난한 사람들에게 돈을 풀고 있죠.
> 자유민주주의를 옹호하는 제대로 된 정당이라면
> 이런 정책에 대응해야 합니다."[129]

이들은 '자유'라는 말에 병적으로 집착한다. 2011년, 뉴라이트 계열 학자들은 민주주의 용어 대신 '자유민주주의' 용어를 써야 한다고 주장했다. 이 같은 주장을 이명박 정부에 이어 박근혜 정부도 이어받는다. 당시 뉴라이

---

129 "文정부 사회민주주의와 한판 붙을 자유민주주의 정당 나와야". 문화일보. 2018. 8. 24.

트 성향의 한국현대사학회가 그 전까지 사용해 온 '민주주의'라는 용어 대신 '자유민주주의'로 바꾸도록 요청해서 '2009 개정 교육과정에 따른 사회과 교육과정'을 고시하면서 민주주의가 자유민주주의로 바뀌게 되었다. 2018년에 교육부에서 발표한 중학교 역사, 고등학교 한국사 교육과정 및 집필기준 최종 시안에서 자유민주주의가 아닌 민주주의를 쓰기로 하자 당시 자유한국당 전희경 대변인이 교육부에서 "자유를 삭제하여 대한민국의 정통성을 부정했다"라고 비판했다. 그러나 정작 실제로 교과서에서 자유민주주의 대신 민주주의라는 말을 쓴 정부는 현재 국민의힘의 전신인 이승만, 박정희, 전두환, 노태우, 김영삼 정부였다.[130]

뉴라이트의 대표적인 학자 이영훈은 초중등 과정의 모든 교과서를 분석한 끝에 '자유'라는 단어와 개념이 교육에서 실종되어 있음을 개탄한바 있다. 그래서 자유를 빼고 민주주의를 주장하면 인민민주주의, 즉 공산주의라고 공격한다. 그는 스스로를 '자유보수'라고 지칭하면서 '자유보수' 선언문을 채택하기도 했다.

"자유보수 진영은 우리의 적대 세력이 그 시야의 편협과

130 '자유'면 정통성 부정? 역대정부 교과서 91% '민주주의' 사용, 오마이뉴스, 2018.5.4.

그 지식의 천박과 그 의도의 사악으로 인해 이 나라를
이룩한 자유의 역사를 지우고, 이 나라를 떠받치는 자유
민주를 개악하고, 이 나라를 번영케 한 자유시장을
대체하려는 그 모든 음모와 술책에서
실패할 수밖에 없음을 확신한다.
다시 한 번 선언하노니 이 나라는 자유인의 공화국이다.
우리가 나아갈 길은 더 큰 자유민주와
더 넓은 자유통상과 더 강한 자유동맹이다."[131]

이들이 말하는 '자유 대한민국'에서 '자유'란 주로 경제
적 강자들의 자유다. 직업 선택의 자유, 종교의 자유, 그
리고 언론 자유가 대표적이다. 이 모든 자유는 한국 사회
에서 막강한 경제력을 갖고 있거나 사회적 발언권을 갖고
있든 개인이나 조직들이 내세우는 논리다. 이들은 규제
일반을 반대한다. 중소기업 고유 업종 지정은 대기업의
영업 자유에 대한 규제요, 전관예우를 막기 위해 퇴직 판
사나 검사들의 변호사 개업을 2년 동안 제한한 것은 직업
선택의 자유 제한이고, 가짜뉴스 생산 언론에 징벌적 손
해배상을 하려는 언론법은 언론 자유 제한이라고 주장한
다. 극우 보수 기독교인들은 종교의 자유를 내세운다. 이
들은 타 종교, 동성애자 등을 차별할 뿐만 아니라 이들에

131 이영훈, "자유인 선언 전문", 2018. 3. 25.

대해 적대하는 것도 종교의 자유라는 이름으로 정당화한다. 경제자유구역은 모든 사람이 경제 활동을 할 수 있는 곳이 아니다. 기업의 투자 유치를 위한 곳, 투자하는 기업에게 특혜를 주는 구역이다.

일본의 극우 세력들도 부국강병주의, 과거사 부인을 자유의 이름으로 정당화한다. 그들은 그것을 자유주의 사관이라 지칭한다. 그리고 반공자유주의는 냉전의 전선이자 미국식 모델이 그대로 이식되었던 일본, 한국에서 가장 전형적으로 존재하며 사회민주주의, 심지어 개혁적 자유주의에게까지 모두 좌익의 딱지를 붙인다.

3.

반공자유주의는 사유 재산 절대주의를 바탕에 깔고 있다. 사유 재산 절대주의는 재산의 취득 과정이 어떠하던 소유권은 신성하다는 생각이다. 그 원조는 로크Locke이지만 사실상 로크식 소유적 개인주의보다 훨씬 타락했고 퇴영적이다. 그래도 로크는 노동과 상속 증여에 기초하지 않는 소유권까지 정당화하지는 않았는데, 소유권 절대주의는 투기뿐만 아니라 권력에 편승한 부당 이득, 각종 지대 추구 등에 의한 소유권까지 옹호하기 때문이다. 이 사유 재산 절대주의는 미국에서 1917년 러시아 사회주의

혁명의 공포에 의해 생긴 것이다. 즉 공산주의가 사적 소
유권을 없애는 것을 목격하거나 겪고 난 공포 때문에, 그
어떤 부당한 방법으로 취득한 소유권이라도 인정하자는
쪽으로 간 것이다. 미국의 후버 대통령식 자본주의, 그리
고 한국의 재벌이 주장하는 자본주의가 이런 모습이다.

노직은 노동, 증여, 상속에 의한 재산이 정당화될 수 있
는 재산이라 보지만, 사유 재산권은 신성불가침의 권리
를 갖는다고 본다. 그리고 그의 소유권 절대주의에 따르
면 조세는 소유권에 대한 강제적 침해라 여겨진다. 재산
형성의 사회적 성격을 인정하지 않기 때문이다. 사실 자
신의 노동의 결과물이 아닌 것을 부모로부터 상속받는 것
자체가 정의의 원칙에 어긋날 수 있다. 그런데도 이것을
옹호하는 것이 소유권 절대주의다.

하이예크나 프리드먼은 국가 복지가 시장 질서를 왜곡
한다고 본다. 그들은 복지 자체를 거부하지는 않지만 국
가 복지가 오히려 조세 수입을 늘이는 과정에서 경제 주
체의 자발적 활동을 위축시키고, 시민들의 자립 의식을
저하시킬 수 있다고 보았다. 결국 그들은 민간 복지 기관
의 참여, 복지의 최소화를 주장했다. 또한 주로 소극적 자
유를 주장한다. 그런데 이 자유는 대체로 경제적 강자의
자유다. 그들은 경제적 약자가 경제적 약자로서의 자유를
발휘할 가능성에 대해서는 침묵한다.

이러한 신자유주의와 반공자유주의는 결합되어 있으며 둘 다 영·미식 공리주의에 근거를 두는데, 공리주의는 사회 전체의 복지 혹은 쾌락의 총량을 구성원 각자의 복지 혹은 쾌락의 합산으로 본다. 소수의 죽음이나 극단적 희생에도 불구하고 다수가 복리를 얻을 수 있으면 좋은 사회라 보는 것이다.[132] 그리고 '정의로운 것' 혹은 '옳은 것'이란 구성원 전체 복지 총량의 극대화라고 본다. 예를 들어 국가가 전쟁을 벌여서 10만 명의 군인과 민간인이 사망했더라도, 전쟁 이후 100만 명의 살아남은 사람들에게 더 큰 혜택이 돌아간다면 전쟁은 해도 좋다고 여긴다. 산업재해로 매년 2천 명이 사망해도 기업의 이윤이 더 크게 확보되어 2백만 명의 물질적 부가 확대된다면 그런 산업재해는 감내할 수 있는 것이라 본다. 이처럼 공리주의는 수치로 표현된 경제 발전만 확인되면, 혹은 다수의 사회구성원이 잘 살게 된 것이 눈으로 확인될 경우, 그 과정에서 벌어진 절차적 비민주성, 더 나아가서 폭력과 독재도 정당화한다. 그리고 반공자유주의는 그 과정에서 자유의 이름으로 폭력이 행사되는 것을 용인하거나 정당화하는 기능을 수행했다. 즉 공안기관의 사찰, 매카시즘과 같은 사상 탄압, 불법이 확인되지 않았던 모든 행동에 대해 마녀사냥에 근거한 해고 조치들이 반공자유주의 아래서

132 신정완, 『복지국가의 철학』, 인간과 복지, 2014, 34-35쪽.

발생했다.

반공자유주의는 한국이 복지국가, 공공성 강화로 가는데 큰 걸림돌로 작용한다. 한국에서의 사적 영역, 특히 가족의 경우 근대 이후 사회에서는 공공적인 것과는 완전히 절연된 동물적인 본능과 욕망의 추구, 가족 밖의 사회에 대한 완전한 무관심에 기초한다. 만약 사적 이익 추구의 주체가 개인일 경우, 주변 사람들에게만 영향을 줄 가능성이 크다. 하지만 그것이 재벌 대기업일 경우에는 문제가 달라진다. 재벌 대기업은 일찍이 국가의 개입에 의해 형성되었다. 그런데 그 역사를 망각하거나 부인하면서 사기업의 '자유의사'라는 이름으로 재산 축적을 강행할 경우, 기업의 행동은 온 사회를 파괴하게 된다. 근대 이전 시절 귀족의 토지 겸병이 모든 소작, 평민 들을 가난에 빠트리고 유랑 걸식하게 만들었듯이, 지금의 건설 자본이 토지를 독점하고, 공기, 물 등 인간 생존을 위해 필수적인 것을 이윤을 위해 사용하고 가격을 매길 경우 상상할 수 없는 불평등이 초래된다. 한국이 그렇다.

한국에서 대통령 선거는 국가나 사회 변화의 변곡점이 되는 가장 중요한 정치적 행사다. 총선은 주로 회고 투표이고 대선은 전망 투표라는 말도 있지만, 대통령제에서는 인사, 행정부 통괄의 결정권을 가진 대통령의 권력이 가장 크기 때문에 사회의 개혁과 미래를 위한 담론이 폭발하기 마련이다. 이 담론들이 곧 대통령 선거에 영향을 미치고, 당선 이후 정책에 영향을 미친다. 물론 대통령 후보들이 어떤 정책에 대해 의지를 갖고 있고, 선거 캠프에서 그것을 공약으로 입안했다고 해서 그것이 당선 이후 곧바로 정책으로 실행되지는 않는다. 그러나 선거 과정에서 거론도 되지 않았거나 후보들 간에 큰 쟁점이 되지 않았던 정책안이 입법화되거나 실행되는 경우는 거의 없다. 따라서 대선 국면의 담론은 분명히 이후 정치 사회 변화의 방향과, 정치 세력의 대응을 가늠할 수 있는 매우 중요한 말과 이데올로기의 시장이다.

그러나 대통령 후보나 정당, 사회 세력이 아무리 어떤 사안에 대해 소신을 갖고 있다고 하더라도 대선 국면에서 제기될 수 있는 의제와 제기되지 못하는 의제는 분명히 존재한다. 그것은 정치의 플랫폼, 이데올로기 지형, 이후 유권자가 될 국민 일반의 인식과 관심의 수준이 주는 제약 때문일 것이다. 이러한 한국의 정치 이데올로기 지형을 반공자유주의가 지배한다. 한국이 북한과 마주하고 있는 분단국가이자 미군이 주둔하는 친미 국가라는 현실은 헌법이나 실정법상 국가가 처한 조건이며, 이 지형이 민주화 이후애도 대선에서 제기될 수 있는 의제, 정책을 제한하고 그 틀 내에서 논쟁이 이루어지게끔 만든다. 문재인 정부가 사회경제 정책에서 별다른 성과를 내지 못한 것도 여기에 기인한다.

　이러한 반공자유주의 정치 지형의 변화는 한국 정치 사
회 내부에서 기존의 양당과는 가치나 이념을 달리하는 새
로운 정치 세력이 출현하여 제도 정치권의 중요 변수가
될 경우, 기존의 정치적 문법과 완전히 결별한 청년 세대
가 정치의 장에 의미 있게 진입하는 경우, 남북간의 대립
관계가 평화적인 관계로 변해서 한국의 국가보안법이 철
폐되고 검찰과 공안기관이 획기적으로 개혁될 경우, 그리
고 학교 교육에서 일방적인 미국식 자유주의 이념이 아닌
사회적 민주주의, 그리고 노동, 여성, 환경, 생태 등의 미
래적 가치가 포함되어야 비로소 가능해질 것이다.

반공자유주의

-우리를 병들게 하는 낙인

초판 1쇄 발행 | 2021년 11월 19일

지은이 | 김동춘
펴낸이·책임편집 | 유정훈
디자인 | 우미숙
인쇄·제본 | 두성P&L

펴낸곳 | 필요한책
전자우편 | feelbook0@gmail.com
트위터 | twitter.com/feelbook0
페이스북 | facebook.com/feelbook0
블로그 | blog.naver.com/feelbook0
포스트 | post.naver.com/feelbook0
팩스 | 0303-3445-7545

ISBN | 979-11-90406-12-3 03300